BEI GRIN MACHT SIC
WISSEN BEZAHLT

- Wir veröffentlichen Ihre Hausarbeit,
  Bachelor- und Masterarbeit

- Ihr eigenes eBook und Buch -
  weltweit in allen wichtigen Shops

- Verdienen Sie an jedem Verkauf

Jetzt bei www.GRIN.com hochladen
und kostenlos publizieren

Bibliografische Information der Deutschen Nationalbibliothek:

Die Deutsche Bibliothek verzeichnet diese Publikation in der Deutschen National-
bibliografie; detaillierte bibliografische Daten sind im Internet über http://dnb.d-
nb.de/ abrufbar.

Impressum:

Copyright © 2014 GRIN Verlag, Open Publishing GmbH
Druck und Bindung: Books on Demand GmbH, Norderstedt Germany
ISBN: 9783668369481

Dieses Buch bei GRIN:

http://www.grin.com/de/e-book/349853/risikobewertung-im-rahmen-steuerlicher-
aussenpruefung

Maximilian Blümig

Risikobewertung im Rahmen steuerlicher Außenprüfung

GRIN Verlag

GRIN - Your knowledge has value

Der GRIN Verlag publiziert seit 1998 wissenschaftliche Arbeiten von Studenten, Hochschullehrern und anderen Akademikern als eBook und gedrucktes Buch. Die Verlagswebsite www.grin.com ist die ideale Plattform zur Veröffentlichung von Hausarbeiten, Abschlussarbeiten, wissenschaftlichen Aufsätzen, Dissertationen und Fachbüchern.

Besuchen Sie uns im Internet:

http://www.grin.com/

http://www.facebook.com/grincom

http://www.twitter.com/grin_com

Friedrich-Alexander-Universität Erlangen-Nürnberg

Rechts- und Wirtschaftswissenschaftliche Fakultät

LEHRSTUHL FÜR RECHNUNGSWESEN UND PRÜFUNGSWESEN

Bachelorarbeit

SS 2014

Risikobewertung im Rahmen steuerlicher Außenprüfung

Verfasser: Maximilian Blümig

Abgabetermin: 02.07.2014

Inhaltsverzeichnis

1 Einleitung

Die steuerliche Außenprüfung befindet sich in Folge der deutschen E-Government Strategie[1] im Umbruch. Bereits durch das „Gesetz zur Senkung der Steuersätze und zur Reform der Unternehmensbesteuerung 2000" (StSenkG 2000)[2] und den damit verbundenen „Grundsätzen zum Datenzugriff und zur Prüfbarkeit digitaler Unterlagen" (GDPdU)[3] wurde die Möglichkeit des digitalen Datenzugriffs zum 01.01.2002 eingeführt. Inzwischen hat das Risikomanagement der Finanzverwaltung durch die E-Bilanz eine weitere Option erhalten, die Gleichmäßigkeit der Besteuerung sicherzustellen. Ziel dieser Arbeit ist es, zu untersuchen, inwiefern in Folge der Einführung der E-Bilanz Änderungen in der Durchführung der steuerlichen Außenprüfung zu erwarten sind und welche Risiken die Unternehmen in diesem Zusammenhang beachten müssen. Dazu werden im zweiten Kapitel zunächst theoretische Grundlagen erläutert. Anschließend werden im dritten Kapitel das Risikomanagement der Finanzverwaltung und das Vorgehen derselben bei der digitalen Außenprüfung beschrieben. Hier wird gezeigt, wie die Prüfmethoden der Finanzverwaltung der Identifikation von Unregelmäßigkeiten dienen. Im Anschluss werden im vierten Kapitel die Grundlagen der E-Bilanz beleuchtet. Letztlich wird im fünften Kapitel untersucht, welche Risiken mit der Einführung der E-Bilanz verbunden sein können und inwieweit durch die Einführung der E-Bilanz Änderungen bei der steuerlichen Außenprüfung zu erwarten sind.

2 Theoretische Grundlagen der steuerlichen Außenprüfung

2.1 Definitionen wichtiger Begriffe

2.1.1 Die Definition des Begriffs „Risiko"

Es gibt weder in der betriebswirtschaftlichen Literatur noch in Gesetzen, wie zum Beispiel dem „Gesetz zur Kontrolle und Transparenz im Unternehmensbereich" (KonTraG) eine einheitliche Definition des Risikobegriffs. Eine mögliche Definition unterscheidet Risiken zunächst in kalkulierbare – die auch als „reine" oder „versicherbare" Risiken bezeichnet werden – und nicht kalkulierbare Risiken. Nicht kalkulierbare Risiken werden auch als „spekulative" oder „nicht versicherbare" Risiken

---

[1] Vgl. Althoff, F.: Neue E-Bilanz 2011, S. 10; BMI: E-Government.
[2] Vgl. StSenkG 2000 v. 23.10.2000, BGBl. I 2000, S. 1433.
[3] Vgl. BMF-Schreiben v. 16.07.2001, BStBl I 2001, S. 415.

bezeichnet. Diese beinhalten aber auch Chancen. Im Gegensatz dazu impliziert das KonTraG allerdings vielmehr den engeren Risikobegriff, die Verlustgefahr.[4] Eine andere Definition beschreibt Risiko als eine „Entscheidungssituation bei Unsicherheit, bei welcher der Entscheider für die möglichen Ergebnisse beziehungsweise Umweltzustände Eintrittswahrscheinlichkeiten angeben kann."[5] Diese sind allerdings nur bei den kalkulierbaren Risiken bekannt. Im Folgenden wird der Risikobegriff von verwandten Begriffen weiter abgegrenzt. „Allg. entscheidet man hinsichtlich der Zukunftserwartungen eines Entscheiders Sicherheit [...] und Unsicherheit [...]. Unsicherheit wiederum wird unterschieden in Unsicherheit i.e.S. (auch: Ungewissheit) und Risiko. Anders als bei Risiko sind bei Unsicherheit i.e.S. keine Eintrittswahrscheinlichkeiten verfügbar."[6] Nicht kalkulierbare Risiken bedeuten also stets Unsicherheit i.e.S., da die Eintrittswahrscheinlichkeiten nicht bekannt sind.

Da im unternehmerischen Risikomanagement subjektive Wahrscheinlichkeiten typisch sind,[7] lassen sich diese Unsicherheiten letztlich nur schwer einordnen. Am passendsten für die finale Definition des Begriffs „Risiko" im Kontext dieser Arbeit erscheint jedoch diejenige der Statistik und des Finanzmanagements. In dieser wird Risiko als die mögliche Abweichung vom Erwartungswert beschrieben. Eine Situation ist demnach dann riskanter als eine andere, wenn entweder der erwartete Verlust höher oder dessen Unsicherheit größer ist.[8]

2.1.2 Die Definition des Begriffs „Risikobewertung"

Der Begriff „Risikobewertung" bezeichnet den letzten Teilprozess innerhalb des Hauptprozesses „Risikobeurteilung". In diesem Teilprozess werden Risiken unter Berücksichtigung von Nutzen- und Schadenshöhe sowie der jeweiligen Eintrittswahrscheinlichkeiten bewertet. Bevor diese Bewertung allerdings stattfinden kann, müssen Risiken zunächst identifiziert und analysiert werden. Bei der Risikoidentifikation werden möglichst viele Informationen über die Gefahren und Chancen unter Berücksichtigung der Handlungsziele gesammelt. Anschließend werden in der Risikoanalyse sowohl der mögliche Nutzen als auch mögliche Schäden sowie Eintritts-

---

[4] Vgl. Klein, A.: Risikomanagement 2011, S. 26ff.
[5] Springer Gabler Verlag (Hrsg.): Risiko.
[6] Ebd.
[7] Vgl. ebd.
[8] Harrington, S. E./Niehaus, G. R.: Risk Management 2004, S. 1f.

wahrscheinlichkeiten untersucht.[9] Abbildung 1 zeigt die Einordnung des Teilprozesses „Risikobewertung" in den Hauptprozess „Risikobeurteilung".

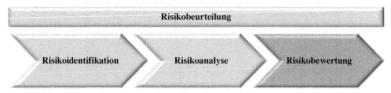

Abbildung 1: Einordnung des Teilprozesses "Risikobewertung"[10]

2.1.3 Die Definition des Begriffs „Steuerliche Außenprüfung"

Die steuerliche Außenprüfung ist neben der Steuerfahndung, der Steueraufsicht in Zoll- und Verbrauchssteuersachen und der Umsatzsteuernachschau ein besonderes Sachaufklärungsverfahren. Diese Verfahren sind zusätzliche Maßnahmen der Finanzbehörden, um die steuerlichen Verhältnisse des Steuerpflichtigen zu ermitteln. Sie erlauben eine tiefergehende Sachverhaltsprüfung als im allgemeinen Festsetzungsverfahren.[11]

Der Begriff Außenprüfung dient als Oberbegriff für verschiedene Prüfungen durch den Außendienst der Finanzverwaltung. Er beinhaltet die Betriebsprüfung, die abgekürzte Außenprüfung, die Lohnsteuer-Außenprüfung und die Umsatzsteuer-Sonderprüfung.[12]

Diese Arbeit orientiert sich stets an den Verfahren der Betriebsprüfung, wenn nicht explizit eine andere Prüfungsvariante genannt wird. Die Begriffe Außenprüfung und Betriebsprüfung werden deshalb als Synonyme verwendet.

Die Steuermehreinnahmen der letzten Jahre zeigen die Relevanz der Außenprüfung. Laut dem Bundesministerium der Finanzen (BMF) betrugen diese allein im Jahr 2012 rund 19 Milliarden Euro.[13] Ziel der Außenprüfung ist die Steuergerechtigkeit. Dazu sind die maßgeblichen tatsächlichen und rechtlichen Verhältnisse zugunsten wie zuungunsten des Steuerpflichtigen zu prüfen. So soll unter anderem der Grundsatz der Gleichmäßigkeit der Besteuerung erfüllt werden. Der Hauptzweck der Außenprüfung wird vom Gesetzgeber in § 194 Abs. 1 S. 1 AO vorgegeben und liegt

---

[9] Vgl. Offensive Mittelstand – Gut für Deutschland (Hrsg.): Unternehmensführung 2012, S. 51f.
[10] In Anlehnung an: ebd., S. 52.
[11] Vgl. Panek, M.: Außenprüfung 2008, S. 11ff.
[12] Vgl. Buck, R./Klopfer, M.: Betriebsprüfung 2011, S. 20.
[13] Vgl. BMF: Jahresergebnis.

demnach in der Erfüllung der in § 85 AO wiedergegebenen Verfassungsgrundsätze. Daneben dient die Außenprüfung der Sicherung des Steueraufkommens und weiterer Nebenzwecke. Der häufig verwendete Begriff der Betriebsprüfung bezeichnet eine besondere Form der Außenprüfung und ist dieser somit grundsätzlich nicht gleichzusetzen.[14]

2.1.4 Die Definition des Begriffs „Gleichmäßigkeit der Besteuerung"

Der Begriff „Gleichmäßigkeit der Besteuerung" bezeichnet ein grundlegendes Besteuerungsprinzip,[15] das den ethisch-sozialpolitischen Besteuerungsgrundsätzen zugeordnet wird.[16] Es begründet „die Gleichartigkeit der steuerlichen Behandlung bei gleichen steuerlich relevanten Verhältnissen".[17] Aus heutiger Sicht ist es dem „Grundsatz der Allgemeinheit" unterzuordnen.[18] Dieser wiederum bedeutet, „dass alle Bürger (Universalitätsprinzip) ihr gesamtes Einkommen (Totalitätsprinzip) versteuern."[19]

2.2 Rechtsgrundlagen und Verwaltungsanweisungen

2.2.1 Grundlegende gesetzliche Regelungen

Die gesetzlichen Regelungen der steuerlichen Außenprüfung sind vielfältig und können deshalb in dieser Arbeit nur knapp zusammengefasst werden. Sie schaffen die nötigen Voraussetzungen der steuerlichen Außenprüfung und bestimmen die Durchführung derselben. Das Rechtsstaatsprinzip bildet die Grundlage für alle in Deutschland erlassenen Normen. Es ist in den Artikeln 19 und 20 des Grundgesetzes verankert. Insbesondere ist das sogenannte Übermaßverbot zu beachten. Es beinhaltet den „Grundsatz der Verhältnismäßigkeit der Mittel" und den „Grundsatz des geringsten möglichen Eingriffs".[20]

Die gesetzliche Grundlage der Außenprüfung bilden die §§ 193–203 AO.[21] Da eine Außenprüfung nur eingeschränkt zulässig ist, müssen bestimmte Voraussetzungen erfüllt sein.[22] So sind Außenprüfungen in Form einer Betriebsprüfung gemäß § 193 Abs. 1 AO regelmäßig nur bei Steuerpflichtigen zulässig, „die einen gewerbli-

---

[14] Vgl. Panek, M.: Außenprüfung 2008, S. 11ff.
[15] Vgl. Springer Gabler Verlag (Hrsg.): Besteuerungsprinzipien.
[16] Vgl. Bizer, K.: Steuervereinfachung 2008, S. 121.
[17] Ebd., S. 125.
[18] Vgl. ebd.
[19] Ebd., S.124.
[20] Vgl. Flamm, M.: Digitale Steuerprüfung 2005, S. 11.
[21] Vgl. Buck, R./Klopfer, M.: Betriebsprüfung 2011, S. 17.
[22] Vgl. Brennecke & Partner (Hrsg.): Überblick.

chen oder land- und forstwirtschaftlichen Betrieb unterhalten [oder] freiberuflich tätig sind." Gemäß § 193 Abs. 2 AO können in Sonderfällen auch andere Steuerpflichtige geprüft werden. Dabei ist es für die Zulässigkeit unerheblich, ob „eine Steuer bereits festgesetzt, ob der Steuerbescheid endgültig, vorläufig oder unter dem Vorbehalt der Nachprüfung ergangen ist".[23]

Die Durchführung einer Außenprüfung liegt im Ermessen der gemäß § 195 AO zuständigen Finanzbehörde. Sie bestimmt den sachlichen und zeitlichen Umfang der Außenprüfung.[24] Diese kann gemäß § 194 Abs. 1 S. 2 AO „eine oder mehrere Steuerarten, einen oder mehrere Besteuerungszeiträume umfassen oder sich auf bestimmte Sachverhalte beschränken." Zu prüfende Betriebe werden deshalb von der Finanzverwaltung nach wirtschaftlichen Merkmalen in drei Größenklassen[25] eingeteilt. Diese Größenklassen bestimmen dann die Prüfungshäufigkeit. Dabei gilt: Je größer der Betrieb, desto häufiger wird dieser geprüft.[26] Bei Großbetrieben werden meist sogenannte Anschlussprüfungen durchgeführt. Das bedeutet, dass ein Unternehmen ununterbrochen durch die steuerliche Außenprüfung geprüft wird. Kleinere Betriebe werden dagegen deutlich seltener geprüft.[27] Die Prüfung soll dabei grundsätzlich nicht mehr als drei Besteuerungszeiträume erfassen.[28]

Ergänzend zu den Regelungen der Abgabenordnung existieren weitere Vorschriften in der „Betriebsprüfungsordnung 2000" (BpO 2000). Sie ist die allgemeine Verwaltungsvorschrift für die Betriebsprüfung und bestimmt den ausführlicheren Verfahrensablauf.[29] Allerdings bindet sie lediglich die Finanzverwaltung bei Ermessensentscheidungen[30] und schafft somit für den Steuerpflichtigen kein materielles Recht.[31]

2.2.2 Die §§ 146, 147, 200 AO, die GDPdU und die „Grundsätze ordnungsmäßiger DV-gestützter Buchführungssysteme" (GoBS)

Durch die Einführung der digitalen Steuerprüfung wurden die Zugriffsmöglichkeiten der Finanzverwaltung ausgeweitet. Bis zu diesem Zeitpunkt sind die Versuche, den elektronischen Datenzugriff einzuführen, immer wieder wegen Bedenken des Daten-

---

[23] BFH-Urteil vom 28.03.1985, BStBl II, S. 700.
[24] Vgl. Brennecke & Partner (Hrsg.): Überblick.
[25] Vgl. § 3 BpO 2000.
[26] Vgl. Panek, M.: Außenprüfung 2008, S. 36f.
[27] Vgl. ebd.
[28] Vgl. Brennecke & Partner (Hrsg.): Überblick.
[29] Vgl. Buck, R./Klopfer, M.: Betriebsprüfung 2011, S. 17.
[30] Vgl. ebd.
[31] Vgl. Springer Gabler Verlag (Hrsg.): Außenprüfung.

schutzes gescheitert. Jedoch hatten diese letztlich mit Verabschiedung des StSenkG 2000 und den darin enthaltenen Artikeln 7 und 8 Erfolg.[32] Die §§ 146, 147 AO, also die Ordnungsvorschriften für die Buchführung und für Aufzeichnungen sowie für die Aufbewahrung von Unterlagen, wurden durch dieses Gesetz dahingehend erweitert, dass die Finanzverwaltung nun im Rahmen sämtlicher Steuerprüfungen auf alle relevanten elektronischen Daten der Unternehmen zugreifen können muss.[33] Zwar hatte ein Unternehmer bereits vor Einführung dieser Regelung die Option, seine erforderlichen Aufzeichnungen auf elektronischen Datenträgern zu führen,[34] gesetzlich dazu verpflichtet war er allerdings nicht.[35] Die neuen Zugriffsrechte der Finanzverwaltung gehen mit neuen Aufbewahrungspflichten und - arten einher. Diese werden in § 200 AO, welcher die Mitwirkungspflichten des Steuerpflichtigen regelt, verdeutlicht.[36]

Infolge des StSenkG 2000 erging als Anwendung der Regelungen zum Datenzugriff am 16.07.2001 das BMF-Schreiben mit den GDPdU[37] mit Verweis auf die oben genannten Paragraphen und § 14 Abs. 4 UStG. Die GDPdU binden ausschließlich die Finanzverwaltung. Darin wird unter anderem die Berechtigung, digitale Prüfungen durchzuführen, betont sowie auf die verbundenen Mitwirkungspflichten der Steuerpflichtigen aufmerksam gemacht. Außerdem wird auf den Grundsatz der Verhältnismäßigkeit, die zeitliche Anwendung sowie die Archivierung digitaler Unterlagen hingewiesen.[38]

Außerdem müssen Unternehmen die „Grundsätze ordnungsmäßiger DV-gestützter Buchführungssysteme" (GoBS)[39] beachten. Diese beinhalten die Maßnahmen, die der Buchführungspflichtige ergreifen muss, damit seine Buchführung GoB-konform ist. So muss zum Beispiel die Unveränderbarkeit der Daten garantiert sein.[40] Die GoBS ersetzen die „Grundsätze ordnungsmäßiger Buchführung" (GoB).[41] Beinhalten

---

[32] Vgl. Kerssenbrock, O.-F./Riedel, O./Zöllkau, Y.: Steuerliches Risikomanagement 2005, S. 24.
[33] Vgl. Buck, R./Klopfer, M.: Betriebsprüfung 2011, S. 89.
[34] Vgl. § 239 Abs. 4 HGB.
[35] Vgl. Flamm, M.: Digitale Steuerprüfung 2005, S. 12.
[36] Vgl. Krüger, R./Schult, B./Vedder, R.: Digitale Betriebsprüfung 2010, S. 25.
[37] Vgl. BMF-Schreiben v. 16.07.200, BStBl I 2001, S. 415.
[38] Vgl. Flamm, M.: Digitale Steuerprüfung 2005, S. 14.
[39] Vgl. BMF-Schreiben v. 07.11.1995, BStBl. I 1995, S. 738.
[40] Vgl. Buck, R./Klopfer, M.: Betriebsprüfung 2011, S. 90.
[41] Vgl. BMF-Schreiben v. 05.07.1978, BStBl. I 1978, S. 250.

die GDPdU und die GoBS unterschiedliche Regelungen zu einem bestimmten Sachverhalt, gelten vorrangig die GDPdU.[42]

3 Das Vorgehen der Finanzverwaltung zur Identifikation von Unregelmäßigkeiten im Rahmen der digitalen Betriebsprüfung

3.1 Die Abgrenzung steuerlich relevanter Daten und deren Aufbewahrung

Der Datenzugriff der Finanzverwaltung erstreckt sich im Rahmen einer Außenprüfung auf die gespeicherten Daten des Steuerpflichtigen, wenn diese mit Hilfe eines Datenverarbeitungssystems (DV-System) erstellt worden sind. Auch alle originär digital erstellten Unterlagen, die gemäß § 257 Abs. 1 HGB aufbewahrungspflichtig sind, müssen digital aufbewahrt und der Prüfung zugänglich gemacht werden. Kontrovers diskutiert wird in diesem Zusammenhang, ob lediglich Unterlagen, die der gesetzlichen Aufbewahrungspflicht unterliegen, oder auch zusätzliche Unterlagen, wie beispielsweise freiwillige Aufzeichnungen, die eventuell steuerrelevant und somit vorlagepflichtig werden könnten, aufbewahrt werden sollen.[43]

Zu den steuerlich relevanten Daten gehören zumindest die Daten der Finanz-, Anlagen- und Lohnbuchhaltung. Letztlich muss jedoch der Steuerpflichtige die steuerrelevanten von den übrigen Daten GDPdU-konform abgrenzen.[44]

Umstritten ist auch, wie die in den GDPdU genannten, aber nicht erläuterten „sonstigen Unterlagen" im Sinne des § 147 Abs. 1 Nr. 5 AO, die „für die Besteuerung von Bedeutung" sind, definiert und abgegrenzt werden können. Grundsätzlich sind das alle Unterlagen, die kein Buchungsbeleg sind und zusätzlich zu den in § 147 Abs. 1 Nr. 1 bis 4 AO genannten Unterlagen anfallen. Steuerrelevant werden diese allerdings erst, sobald sie sowohl Aussagen über steuerlich relevante Vorgänge enthalten als auch einen Geschäftsvorfall des aufzeichnungspflichtigen Betriebs betreffen und hierfür eine Aufzeichnungspflicht besteht. Sonstige Unterlagen können zudem entweder von Anfang an steuerrelevant sein oder erst im Verlauf einer Veranlagung oder Außenprüfung steuerrelevant werden.[45]

---

[42] Vgl. Flamm, M.: Digitale Steuerprüfung 2005, S. 18.
[43] Vgl. Kerssenbrock, O.-F./Riedel, O./Zöllkau, Y.: Steuerliches Risikomanagement 2005, S. 56.
[44] Vgl. Flamm, M.: Digitale Steuerprüfung 2005, S. 32.
[45] Vgl. Kerssenbrock, O.-F./Riedel, O./Zöllkau, Y.: Steuerliches Risikomanagement 2005, S. 56ff.

Die Aufbewahrungsfristen sind identisch mit denjenigen vor Einführung der GDPdU. Steuerlich relevante Unterlagen sind somit gemäß § 147 Abs. 3 AO weiterhin zehn beziehungsweise sechs Jahre aufzubewahren. Die Daten sollten sicher, effizient und wirtschaftlich archiviert werden. Dabei muss die maschinelle Auswertbarkeit, also „ein wahlfreier Zugriff auf alle gespeicherten Daten einschließlich der Stammdaten und Verknüpfung mit Sortier- und Filterfunktion unter Berücksichtigung des Grundsatzes der Verhältnismäßigkeit"[46] sichergestellt sein.[47]

3.2 Die Datenzugriffsformen der digitalen Außenprüfung

Die Finanzverwaltung ist gemäß § 147 Abs. 6 AO dazu berechtigt, die mit Hilfe eines DV-Systems erstellte Buchhaltung eines Steuerpflichtigen durch Datenzugriff zu prüfen. Die erweiterten Datenzugriffsrechte sind zwar bereits seit dem Jahr 2002 gesetzlich geregelt, vermehrt genutzt werden sie allerdings erst seit circa dem Jahr 2010. Dem Betriebsprüfer stehen zum Zugriff auf die steuerlich relevanten betrieblichen Daten drei Zugriffsmöglichkeiten zur Verfügung.[48] Tabelle 2 zeigt die drei Datenzugriffsmöglichkeiten der Finanzverwaltung im Rahmen der GDPdU.

Unmittelbarer Zugriff (Z1)	• Direkter Zugriff des Prüfers auf gespeicherte Daten mit unternehmenseigener Hard- und Software. • Datenauswertung durch Prüfer persönlich mit den Möglichkeiten der unternehmenseigenen Software.
Mittelbarer Zugriff (Z2)	• Zugriff auf gespeicherte Daten mit unternehmenseigener Hard- und Software durch eine interne, mit dem System vertraute Person nach Vorgabe des Prüfers. • Datenauswertung durch oben genannte, vertraute Person nach Vorgabe des Prüfers mit den Möglichkeiten der unternehmenseigenen Software.
Datenträgerüberlassung (Z3)	• Zugriff auf gespeicherte Daten durch einen Datenträger, der in maschinell auswertbarer Form dem Prüfer bereit gestellt wird. • Datenauswertung durch den Prüfer persönlich mittels Hard- und Software der Finanzverwaltung.

Tabelle 1: Datenzugriffsmöglichkeiten der Finanzverwaltung im Rahmen der GDPdU[49]

---

[46] Flamm, M.: Digitale Steuerprüfung 2005, S. 35.
[47] Vgl. ebd., S. 33ff.
[48] Vgl. Polka, T./Jansen, A.: BC 2014, S. 93.
[49] In Anlehnung an Krüger, R./Schult, B./Vedder, R.: Digitale Betriebsprüfung 2010, S. 49.

Beachtet werden muss dabei, dass sich der Prüfer nicht auf eine der drei Zugriffsarten beschränken muss. Der Prüfer kann beispielsweise zunächst einen Z1-Zugriff anwenden. Erweisen sich die Auswertungsmöglichkeiten der unternehmenseigenen Hard- und Software als ungenügend oder hat der Prüfer Probleme mit der Bedienung, könnte er zu einem Z2- oder Z3-Zugriff wechseln.[50] Entscheidet er sich für den Z3-Zugriff, kann er die erhaltenen Daten anschließend mit der offiziellen Prüfsoftware der Finanzverwaltung, IDEA, analysieren.[51]

3.3 Das Risikomanagement der Finanzverwaltung

3.3.1 Die Datenquellen der Außenprüfung

Ein effektives Risikomanagement ist nur mit einer komprimierten Betrachtung von Informationen aus verschiedenen Quellen und der Durchführung geeigneter Maßnahmen auf mehreren Stufen der Unternehmensbesteuerung möglich.[52] Dabei setzt die maschinelle Auswertbarkeit zwingend eine effektive Datenerhebung voraus. Die Anlage „Einkünfte-Überschuss-Rechnung" (EÜR) ermöglichte beispielsweise erstmals die maschinelle Prüfung von Gewinneinkünften auf Veranlagungsebene.[53] Daneben stehen der Finanzverwaltung zur Prüfung „von Amtswegen" außerdem Daten durch die elektronische Steuererklärung und die inzwischen verpflichtende Abgabe einer E-Bilanz zur Verfügung.[54]

3.3.2 Die Identifikation prüfungsbedürftiger Betriebe

Der Staat ist als Steuergläubiger grundsätzlich für die Gleichmäßigkeit der Besteuerung verantwortlich. Da die tatsächliche Anzahl der Betriebe in Deutschland die Prüfungskapazitäten der Finanzverwaltung allerdings bei Weitem übersteigt, kann nicht jedes Unternehmen anschlussgeprüft werden. Deshalb muss die Finanzverwaltung eine Auswahl der zu prüfenden Betriebe treffen. Diese Auswahl liegt gemäß § 193 Abs. 1 AO im pflichtgemäßen Ermessen der Finanzverwaltung. Da jedoch keinerlei Kriterien für die Ermessensausübung vorliegen, orientiert sich die Finanzverwaltung an der Prüfungsbedürftigkeit. Dazu werden die Betriebe in Größenklassen gemäß § 3 BpO 2000 eingeteilt.[55]

---

[50] Vgl. Krüger, R./Schult, B./Vedder, R.: Digitale Betriebsprüfung 2010, S. 49.
[51] Vgl. Groß, S./Weissinger, A.: BC 2003, S. 250.
[52] Vgl. Wähnert, A.: SC 2009, S. 26.
[53] Vgl. Suck, J.: DStZ 2010, S. 607.
[54] Vgl. Polka, T./Jansen, A.: BC 2014, S. 93.
[55] Vgl. Baetge, J./Jerschensky, A./Herrmann, D. et al.: DB 1995, S. 585.

Grundsätzlich gilt, dass größere Betriebe prüfungsbedürftiger sind als kleinere. Die größten Unternehmen werden durchgehend im Rahmen einer Anschlussprüfung geprüft. Die Prüfungsturnusse mittlerer und kleiner Betriebe sowie von Kleinstbetrieben sind deutlich größer.[56] Tabelle 1 zeigt die Abgrenzungsmerkmale der Größenklassen für Handels- und Fertigungsbetriebe sowie Freie Berufe ab 01.01.2013.

Betriebsart	Merkmal in T €	Großbetriebe	Mittelbetriebe	Kleinbetriebe
Handelsbetriebe	Umsatzerlöse oder steuerlicher Gewinn größer als	7.300 280	900 56	170 36
Fertigungsbetriebe	Umsatzerlöse oder steuerlicher Gewinn größer als	4.300 250	510 56	170 36
Freie Berufe	Umsatzerlöse oder steuerlicher Gewinn größer als	4.700 580	830 130	170 36

Tabelle 2: Abgrenzungsmerkmale der Größenklassen bei der Betriebsprüfung[57]

Turnus-Prüfungen sowie regelmäßig anzusetzende Zufallsprüfungen werden als Routineprüfungen bezeichnet. Zur Begründung einer Routineprüfung ist der Hinweis auf § 193 Abs. 1 AO als Rechtsgrundlage ausreichend. Außerdem gibt es sogenannte Anlassprüfungen. Diese werden dann angesetzt, wenn in den betrieblichen Verhältnissen bestimmte Besonderheiten, beispielsweise Verträge mit Angehörigen oder wenig plausible Rückstellungen, vorliegen. Anlassprüfungen müssen begründet werden.[58] Ebenfalls zu begründen sind sogenannte „Prüfungen mit Ausnahmecharakter". Diesen haben beispielsweise Anschlussprüfungen bei Kleinst-, Klein- oder Mittelbetrieben.[59]

Es werden auch statistische Verfahren zur Identifikation prüfungsbedürftiger Betriebe eingesetzt. Diese ermitteln Auffälligkeiten entweder mittels eines Zeitreihenvergleichs („innerer Betriebsvergleich") oder im Vergleich zu anderen Betrieben beziehungsweise zu eigens von der Finanzverwaltung entwickelten Richtsätzen („äußerer

---

[56] Vgl. Kaligin, T.: Stbg 2012, S. 173f.
[57] In Anlehnung an BMF: Größenklassen.
[58] Vgl. Panek, M.: Außenprüfung 2008, S. 16.
[59] Vgl. Buck, R./Klopfer, M.: Betriebsprüfung 2011, S. 33.

Betriebsvergleich").[60] Zur Erstellung dieser Richtsätze werden in regelmäßigen Abständen sogenannte Richtsatzprüfungen bei vorher bestimmten Berufsgruppen durchgeführt. Diese dienen somit in erster Linie der Datensammlung.[61] Wann die Prüfungsbedürftigkeit gerade bei Klein- und Kleinstbetrieben vom Finanzamt als besonderes hoch eingeschätzt wird, scheinen diverse Ratgeber im Internet zu wissen.[62] So solle der Steuerpflichtige am besten eine „graue Maus" bleiben, um eine Betriebsprüfung zu vermeiden.[63]

3.3.3 Das neue Risikomanagementsystem der Finanzverwaltung

Um eine zeitnahe und angemessene Prüfungsdichte zu erreichen, wird ein effektives Risikomanagement benötigt. Dieses soll unter Einbezug aktueller Erfahrungswerte und mittels Anwendung statistisch-mathematischer Verfahren das bestmögliche Ergebnis liefern. Beispielsweise werden bereits bei Unternehmensneugründungen Vorprüfungen durchgeführt oder die Umsatzsteuer-Nachschau als Mittel genutzt, rechtzeitig mit dem Steuerpflichtigen in Kontakt zu treten. Dabei kann er über seine Pflichten informiert werden, wodurch unabsichtliche Steuerfehler in der Zukunft vermieden werden sollen.[64]

Gemäß § 88 Abs. 3 AO kann zur Sicherstellung einer gleichmäßigen und gesetzmäßigen Festsetzung und Erhebung der Steuern der Einsatz automatischer Einrichtungen durch Rechtsverordnung bestimmt werden. Auf dieser Grundlage basiert das neue Risikomanagementsystem der Finanzverwaltung.[65] Bereits im Jahr 2002 hat die Finanzverwaltung zu diesem Zweck 14.000 IDEA-Lizenzen erworben. Außerdem wurde das Personal weitestgehend geschult.[66] So sollen begrenzte personelle Kapazitäten zur Sicherstellung eines ordnungsgemäßen Steuervollzugs optimal eingesetzt werden. Risikomanagement bedeutet in diesem Zusammenhang die Risikobewertung anhand begründbarer und prognostizierbarer Risikoeinschätzungen. Es basiert auf einem zwei Säulen umfassenden System, das durch das bundeseinheitliche Vorhaben „Koordinierte neue Software-Entwicklung der Steuerverwaltung" (KONSENS) gesteuert wird. Die erste Säule identifiziert mittels automationsgestützter Verfahren und durch objektive Regeln steuerliche Risikopotentiale, während die zweite Säule

---

[60] Vgl. Baetge, J./Jerschensky, A./Herrmann, D. et al.: DB 1995, S. 585f.
[61] Vgl. Buck, R./Klopfer, M.: Betriebsprüfung 2011, S. 35.
[62] Vgl. Steuertipps (Hrsg.): Fiskus.
[63] Vgl. Schneider, G.: Gefahr.
[64] Vgl. Wähnert, A.: SC 2009, S. 26f.
[65] Vgl. Vgl. Modlinger, F.: Stbg 2011, S. 515f.; Suck, J.: DStZ 2010, S. 607.
[66] Vgl. Groß, S./Weissinger, A.: BC 2003, S. 250.

11

die Steuerpflichtigen anhand ihrer steuerlichen Vergangenheit verschiedenen Risiko-
klassen zuteilt. Dabei beeinflussen sich die beiden Säulen stets gegenseitig, was es zu
einem ständig lernenden, dynamischen System macht. Ein Risikofilter, zu dessen
Bestandteilen weiterhin auch Zufalls- und Turnusauswahl sowie die personelle Fall-
auswahl zählen, selektiert dann risikoarme von kontrollbedürftigen Steuerfällen. Das
Risikomanagement führt also weg von der aufwendigen schematischen, hin zu einer
risikoorientierten Steuerfallbearbeitung.[67]

Kontrovers diskutiert werden diverse Eigenschaften dieses automatisierten Systems.
So soll beispielsweise das bisherige Verhalten des Steuerpflichtigen im Besteue-
rungsverfahren der einzige verhaltensorientierte Risikoindikator sein.[68] Das „Dog-
ma" der „grauen Maus"[69] scheint also durchaus seine Berechtigung zu haben, da ein
unauffälliger Steuerschuldner demnach eher durch das Raster fällt.

Die detaillierte Gestaltung des steuerlichen Risikomanagementsystems bleibt allerdings Geheimnis der Finanzverwaltung. Das impliziert, dass der primäre Zweck dieses Systems in der Vermeidung und Aufdeckung von Straftaten liegt. Allerdings
würde die Kenntnis der genauen Eigenschaften des Risikomanagements einen ehrli-
chen Steuerpflichtigen dabei unterstützen, ein anforderungsgerechtes, unternehmens-
internes „Tax-Compliance"-System einzurichten.[70]

3.3.4 Die Methoden der Risikobewertung durch die Finanzverwaltung

Zur Risikobewertung werden auf Veranlagungsebene Risikoprofile erstellt und ge-
zielte Einzelsachverhaltsprüfungen durchgeführt. Alle denkbaren Informationsquel-
len, wie beispielsweise Risikobranche, bisherige Prüfungserfahrungen, Internetauf-
tritt oder Zahlungsgewohnheiten, werden so zu Risikoparametern zusammengefasst.
Stichprobenartig werden die Steuererklärungen dann anhand der verfügbaren Daten
geprüft und infolgedessen die Außenprüfungsressourcen zugewiesen. Gerade die
Möglichkeiten der „summarischen Risikoprüfung" haben das Risikomanagement
stark verbessert. Mittels statistisch-mathematischer Verfahren wird die Plausibilität
der Buchführung bewertet. So kann die Finanzverwaltung innerhalb von nur wenigen
Stunden eine sehr große Menge von Daten überprüfen, um die wirklich prüfungsre-
levanten Fälle zu identifizieren. Diese können im Anschluss tiefergehend geprüft

---

[67] Vgl. Modlinger, F.: Stbg 2011, S. 515f.; Suck, J.: DStZ 2010, S. 607.
[68] Vgl. Modlinger, F.: Stbg 2011, S. 515f.
[69] Vgl. Schneider, G.: Gefahr.
[70] Vgl. Modlinger, F.: Stbg 2011, S. 515f.

werden. Der Vorteil dieser Verfahren liegt zweifelsohne in ihrer Prüfungsbreite. Da die relevanten Informationen allerdings größtenteils durch das Zugriffsrecht der Datenträgerüberlassung im Rahmen der GDPdU bezogen werden, ist die summarische Risikoprüfung hauptsächlich „zwischen Veranlagung und Außenprüfung geschaltet".[71]

3.4 Der IDEA-Einsatz bei der Risikobewertung durch die Finanzverwaltung

3.4.1 Die Grundlagen des IDEA-Einsatzes in der Risikobewertung durch die Finanzverwaltung

Die unternehmerische Buchführung wird von der Finanzverwaltung mittels spezieller Prüfsoftware, wie zum Beispiel „IDEA" (Interactive Data Extraction Analysis), analysiert. Mit IDEA werden mathematisch-statistische Plausibilitätskontrollen durchgeführt. Die unzähligen Datensätze können daneben durch automatisierte Auswertungsroutinen anhand spezieller Merkmale selektiert werden.[72] Die Daten können auch verknüpft und Relationen zwischen diesen berechnet werden.[73] IDEA schafft keine neuen Prüfungsziele. Allerdings kann IDEA Unternehmensdaten, die bisher nur stichprobenartig kontrolliert werden konnten, in größerem Umfang und in kürzerer Zeit überprüfen.[74]

3.4.2 Benford's Gesetz

Frank Benford stellte 1920 die Hypothese auf, dass die relativen Häufigkeiten von Zahlen abnehmen, je größer die führende Ziffer dieser Zahlen ist. Nach über 20.000 Einzelbeobachtungen stellte Benford die in Tabelle 3 wiedergegebene Häufigkeitsverteilung der Anfangsziffern von Zahlen auf.[75]

Anfangsziffer	1	2	3	4	5	6	7	8	9
Häufigkeit	30,1%	17,6%	12,5%	9,7%	7,9%	6,7%	5,8%	5,1%	4,6%

Tabelle 3: Häufigkeitsverteilung der Anfangsziffern von Zahlen[76]

---

[71] Vgl. Wähnert, A.: SC 2009, S. 26f.
[72] Vgl. Buck, R./Klopfer, M.: Betriebsprüfung 2011, S. 94f; Flamm, M.: Betriebsprüfer mit Röntgenblick 2006, S. 5.
[73] Vgl. Groß, S./Weissinger, A.: BC 2003, S. 250.
[74] Vgl. Buck, R./Klopfer, M.: Betriebsprüfung 2011, S. 94f; Flamm, M.: Betriebsprüfer mit Röntgenblick 2006, S. 5.
[75] Vgl. Flamm, M.: Betriebsprüfer mit Röntgenblick 2006, S. 10.
[76] In Anlehnung an Krüger, R./Schult, B./Vedder, R.: Digitale Betriebsprüfung 2010, S. 125.

„Benford's Gesetz besagt, dass in ‚natürlichen' Datenbeständen die Häufigkeiten der jeweils ersten Ziffern von Zahlen einer bestimmten logarithmischen Gesetzmäßigkeit folgen. Dabei taucht eine Ziffer umso häufiger auf, je kleiner sie ist. Benford's Gesetz liefert eine Methode der Datenbetrachtung, die mögliche Fehler, potenziell manipulierte oder falsche Werte identifiziert."[77] Dieser Gesetzmäßigkeit entsprechende Verfahren können auch auf andere Ziffern oder Ziffernkombinationen übertragen werden. Die Unterschiede in der Verteilung fallen dann jedoch geringer aus.[78]

Bevor ein Zahlenbestand nach dieser Gesetzmäßigkeit geprüft werden kann, muss zunächst sicher bestimmt werden, ob er überhaupt der Benford-Verteilung unterliegt. Die Zahlen müssen auf einer einheitlichen Grundlage (Menge, Werte, Maße etc.) basieren. Zudem dürfen sie nicht der Identifikation dienen. Diesen Zweck haben beispielsweise Kundenlisten. Außerdem dürfen sie weder Ober- noch Untergrenzen aufweisen, keine psychischen Barrieren, wie beispielsweise Supermarktpreise mit einer führenden „9", enthalten und sie dürfen auch keine reinen Zufallszahlen sein. Letztlich muss die Datenmenge mindestens 1000 Datensätze enthalten. Die Methode von Benford verlangt also nach natürlich gewachsenen Zahlen, wie sie typischerweise im täglichen Geschäftsbetrieb entstehen.[79]

Berechnen lässt sich die Ziffernhäufigkeit jeder Ziffer mit folgender Formel:

$$p(d) = log(1 + \frac{1}{d})$$

Dabei bezeichnet $p(d)$ die Ziffernhäufigkeit und d die jeweilige Ziffer. log ist der natürliche Algorithmus zur Basis 10.[80]

Wenn ein Datensatz signifikant von der erwarteten Verteilung abweicht, geht der Prüfer zunächst davon aus, dass dies entweder Folge eines System- oder Bearbeitungsfehlers ist oder dass eine Manipulation vorliegt.[81]

Beispielsweise können Bagatellgrenzen bei Überweisungen oder das Recht, Bestellungen ohne Information des Vorgesetzten auszuführen, solange diese einen bestimmten Höchstbetrag nicht überschreiten, dazu führen, dass Mitarbeiter vorsätzlich

---

[77] Flamm, M.: Betriebsprüfer mit Röntgenblick 2006, S. 11.
[78] Vgl. Flamm, M.: Betriebsprüfer mit Röntgenblick 2006, S. 11.
[79] Vgl. ebd., S. 12; Buck, R./Klopfer, M.: Betriebsprüfung 2011, S. 97.
[80] Vgl. Flamm, M.: Digitale Steuerprüfung 2005, S. 54.
[81] Vgl. Flamm, M.: Betriebsprüfer mit Röntgenblick 2006, S. 13.

die Beträge so verändern, dass sie knapp unter dem Grenzwert liegen, um so Vorteile, wie zum Beispiel Schmiergelder, zu erhalten.[82]

3.4.3 Der Chi-Quadrat-Test

Die Grundlage des Chi-Quadrat-Tests ist die Annahme, dass sich die Häufigkeiten von Ziffern bei manipulierten Werten entscheidend von den statistisch erwarteten Häufigkeiten unterscheiden. Wenn Zahlen vorsätzlich verändert oder erfunden werden, dann werden bestimmte Ziffern unbewusst häufiger als andere verwendet. Der Chi-Quadrat-Test gehört zu den sogenannten Signifikanztests, denn er testet eine statistische Hypothese auf einem bestimmten Signifikanzniveau. Bei größeren Zahlenmengen ist davon auszugehen, dass jede der Ziffern „0" bis „9" mit einer Häufigkeit von 10 % vorkommt. Diese Erwartung wird als Nullhypothese bezeichnet. Betrachtet werden ausschließlich – entweder isoliert oder in Kombination – die Zehnerziffer, die Einerziffer sowie die beiden Nachkommastellen. Differenzen zu den erwarteten Häufigkeiten können unter anderem aus der Rundung von Beträgen, aus dem gleichmäßigen Verteilen größerer Beträge, aus Anzahlungen oder Abschlagszahlungen sowie aus der falschen Interpretation von Geschäftsprozessen resultieren.[83]

Vor Anwendung des Chi-Quadrat-Tests müssen gewisse Voraussetzungen erfüllt sein. Es gilt das Gesetz der großen Zahlen. Das bedeutet, dass es umso besser ist, je größer der Datenumfang ist. Außerdem dürfen die Daten weder durch Unter- und Obergrenzen limitiert sein noch darf es sich um Identifikationsnummern handeln. Auch Zahlen mit psychologischen Barrieren – es sei hier an die bereits genannten Supermarktpreise erinnert – bilden keine geeignete Prüfgrundlage. Letztlich sollten die Daten auf einer natürlichen Werte-Verteilung basieren. Viele kleine und wenige große Werte verbessern also die Aussagekraft des Tests.[84]

Ein Chi-Test-Wert zwischen 20 und 30 macht eine zufällige Abweichung von der erwarteten Verteilung sehr unwahrscheinlich und ein Wert über 30 schließt eine solche zu nahezu 100 Prozent aus.[85]

---

[82] Vgl. Flamm, M.: Betriebsprüfer mit Röntgenblick 2006, S. 15ff.
[83] Vgl. ebd., S. 40ff.
[84] Vgl. ebd., S. 42.
[85] Vgl. Buck, R./Klopfer, M.: Betriebsprüfung 2011, S. 99.

Berechnet wird der Wert des Chi-Quadrat-Tests folgendermaßen:

$$x \quad \rule{3cm}{0.4pt}$$

bezeichnet den Chi-Test-Wert.

bezeichnet die tatsächliche und F_i die erwartete Häufigkeit.

bezeichnet die Klassen von F und f.

Gebildet wird also die Summe der quadrierten Differenzen von erwarteter und tatsächlicher Häufigkeit der einzelnen Ziffern. Um den Chi-Test-Wert zu erhalten, wird diese dann durch die erwartete Häufigkeit geteilt. Die erwartete Häufigkeit der getesteten Endziffernverteilung beträgt 10 % und ist bei jeder Ziffer gleich, weil für diese die Normalverteilung gilt.[86]

Wenn nur wenige Werte vorliegen, ist die Aussagekraft des Chi-Quadrat-Tests jedoch schnell begrenzt und eine Zuschätzung allein auf dessen Grundlage nicht möglich. Er liefert dann lediglich Anhaltspunkte für mögliche Fehler in der Buchführung, die allerdings in Kombination mit anderen Verfahren – beispielsweise Benford's Gesetz – die Voraussetzungen für eine Schätzung schaffen können.[87]

3.4.4 Reihenvergleiche

Ein Reihenvergleich untersucht die Plausibilität verschiedener Größen anhand ihres funktionalen Zusammenhangs. Dabei werden Jahresabschlusspositionen für einen bestimmten Zeitraum, beispielsweise für ein Jahr oder einen Monat, in Tabellen und Graphen visualisiert. So behält der Prüfer stets den Gesamtüberblick.[88]

Bei einem Reihenvergleich hat der Prüfer die Möglichkeit, Werte zu logarithmieren. Der Abstand aller verhältnisgleichen Punktpaare zueinander ist dann derselbe ist. Da bei diesem Verfahren nur die Ordinate des Koordinatensystems logarithmiert wird, wird es auch als halblogarithmische Darstellung bezeichnet. In der Folge sind Vergleiche genauer und einfacher nachzuvollziehen.[89]

Auch ein Zeitreihenvergleich kann durchgeführt werden. Hat der Prüfer ein Jahr identifiziert, dessen Größen er genauer untersuchen möchte, zerlegt er dieses in unterjährige Zeitabschnitte. Neben der zeitlichen Aufteilung ist auch eine Aufteilung

---

[86] Vgl. Flamm, M.: Digitale Steuerprüfung 2005, S. 67.
[87] Vgl. Flamm, M.: Betriebsprüfer mit Röntgenblick 2006, S. 47.
[88] Vgl. Flamm, M.: Digitale Steuerprüfung 2005, S. 71f.
[89] Vgl. Flamm, M.: Betriebsprüfer mit Röntgenblick 2006, S. 49ff.

nach Kostenstellen oder Kostenträgern möglich. Ein Zeitreihenvergleich macht vor allem dann Sinn, wenn der Prüfer vermutet, dass Umsatz und Wareneinsatz falsch verbucht worden sind. Betriebseinnahmen und Wareneinkäufe werden dabei anhand des Rohgewinnaufschlags verprobt, denn die Finanzverwaltung geht davon aus, dass dieser über einen längeren Zeitraum konstant ist. Mit dieser Methode können vor allem Schwarzeinkäufe und Schwarzverkäufe einfacher nachgewiesen werden. Sie wird oft bei Gastronomiebetrieben eingesetzt.[90] Der Zeitreihenvergleich wird in Kapitel 5.2.5 ausführlicher erläutert.

3.4.5 Weitere Auswertungsmöglichkeiten und Vorgehensweisen

Die Aussagekraft der bisher vorgestellten Methoden kann verbessert werden, indem Extremwerte nicht beachtet werden. Die Analysesoftware der Finanzverwaltung ermöglicht es dem Prüfer durch eine spezielle Funktion den Datenbestand numerisch zu schichten. Er kann dann die Struktur eines zu prüfenden Datensatzes besser beurteilen und seine Analyse sinnvoll eingrenzen, indem er vorhandene, von der Norm abweichende Werte nicht weiter mit einbezieht.[91]

Mit Hilfe einer anderen Funktion kann nach Transaktionen an Wochenenden oder Feiertagen gezielt gefiltert werden, um Unregelmäßigkeiten aufzudecken, die ansonsten möglichweise unentdeckt geblieben wären.[92]

Positionen können auch anhand eines Merkmals, wie der Lieferanten- oder Artikelnummer, von anderen Positionen isoliert und anschließend sortiert werden. Wird dann der Differenzfaktor gebildet und ist dieser im Vergleich zu anderen Positionen besonders groß und damit auffällig, kann der Prüfer hier nachhaken. Allerdings können hohe Differenzfaktoren auch vollkommen korrekt und nachvollziehbar sein. Besondere Anwendung findet diese Funktion bei der Identifikation von Buchungen mit versehentlich falsch eingegebenen Dezimalstellen.[93]

Soll untersucht werden, ob Unterschriftsgrenzen für Überweisungen absichtlich durch das Verteilen auf mehrere Transaktionen umgangen worden sind, wird regelmäßig der sogenannte Vollmachtsfaktor berechnet. Häufen sich Beträge mit einem Vollmachtsfaktor größer als circa 90 %, hat der Prüfer einen Anhaltspunkt, hier tief-

---

[90] Vgl. Flamm, M.: Betriebsprüfer mit Röntgenblick 2006, S. 54ff.
[91] Vgl. Buck, R./Klopfer, M.: Betriebsprüfung 2011, S. 100; Flamm, M.: Betriebsprüfer mit Röntgenblick 2006, S. 59f.
[92] Vgl. Flamm, M.: Betriebsprüfer mit Röntgenblick 2006, S. 60ff.
[93] Vgl. ebd., S. 62f.

ergehend zu prüfen, indem er diese Beträge beispielsweise nach Mitarbeitern oder Lieferanten weiter filtert. Der Vollmachtsfaktor berechnet sich wie folgt: [94]

Zusätzlich gibt es noch diverse andere Analysemöglichkeiten. So können beispielsweise auch Personal- oder Stammdaten oder auch Telefondatenbanken nach Auffälligkeiten überprüft und miteinander verprobt werden. [95]

3.5 Mögliche Konsequenzen für Unternehmen bei Unregelmäßigkeiten

3.5.1 Strafrechtliche Konsequenzen

Die steuerstrafrechtlichen Konsequenzen von nicht, von zu niedrigen oder nicht rechtzeitig bezahlten Steuern aufgrund von unterlassenen, unrichtigen oder unvollständigen Angaben können Bußgelder bis 25.000 Euro, Geldstrafen und andere Strafen sein. [96] Die steuerstrafrechtlichen Konsequenzen einer leichtfertigen Steuerverkürzung oder einer Steuerhinterziehung sind allerdings ein eigener und sehr komplexer Themenbereich, der deshalb in dieser Arbeit nicht ausführlicher dargestellt wird.

3.5.2 Die Anwendung von Zwangsmitteln

Zwangsmittel sind sowohl die Festsetzung eines Zwangsgeldes als auch das Einfordern eines Verzögerungsgeldes. [97]

Das Zwangsgeld dient gemäß § 323 Abs. 1 AO der Durchsetzung eines Verwaltungsakts. Es muss gemäß § 332 Abs. 1 AO schriftlich angedroht werden. Dabei muss dem Steuerpflichtigen eine angemessene Frist zur Erfüllung eingeräumt werden. Es beträgt gemäß § 329 AO maximal 25.000 Euro und reicht gemäß § 334 AO bis zur direkten Ersatzzwanghaft. Mit Erfüllung der Verpflichtung entfällt das Zwangsgeld gemäß § 335 AO. [98]

Das Verzögerungsgeld gemäß § 146 Abs. 2b AO ist eine steuerliche Nebenleistung und soll den Steuerpflichtigen zur zeitnahen Mitwirkung motivieren. Es beträgt mindestens 2.500 Euro und maximal 250.000 Euro. Ob ein Verzögerungsgeld überhaupt ausgesprochen wird und der dann festzusetzende genaue Betrag liegen im Ermessen

---

[94] Vgl. Flamm, M.: Betriebsprüfer mit Röntgenblick 2006, S. 63f.; Wehrhagen, M.: RCA 2011, S. 42.
[95] Vgl. Flamm, M.: Betriebsprüfer mit Röntgenblick 2006, S. 64.
[96] Vgl. Buck, R./Klopfer, M.: Betriebsprüfung 2011, S. 92.
[97] Vgl. Krüger, R./Schult, B./Vedder, R.: Digitale Betriebsprüfung 2010, S. 182.
[98] Vgl. Buck, R./Klopfer, M.: Betriebsprüfung 2011, S. 92.

der Finanzverwaltung.[99] Für die Bemessung der Höhe können unter anderem das Ausmaß der Beeinträchtigung der Außenprüfung oder die Unternehmensgröße ausschlaggebend sein.[100] Allerdings muss der Grundsatz der Verhältnismäßigkeit beachtet werden. Anders als das Zwangsgeld muss das Verzögerungsgeld nicht erst angedroht werden. Gemäß § 91 AO genügt es, den Steuerpflichtigen auf die Möglichkeit der Festsetzung eines Verzögerungsgeldes hinzuweisen. Angewendet wird das Verzögerungsgeld vor allem bei nicht rechtzeitiger Erfüllung diverser Mitwirkungspflichten. Ein festgesetztes Verzögerungsgeld bleibt bestehen, auch wenn der Steuerpflichtige seiner Pflicht später nachkommt. Bei der Verletzung mehrerer Pflichten können mehrere Verzögerungsgelder nebeneinander ausgesprochen werden.[101]

3.5.3 Die Anwendung von Schätzverfahren

Die Finanzverwaltung muss gemäß § 155 AO die Steuer auch dann festsetzen, wenn die Besteuerungsgrundlagen nicht mit ausreichender Sicherheit ermittelt werden können. Im Zweifel werden die Besteuerungsgrundlagen gemäß § 162 AO dem Grunde und der Höhe nach geschätzt. Diese Schätzung geschieht mittels Wahrscheinlichkeitserwägungen.[102] Wird die Ordnungsmäßigkeit der Buchführung als Folge der Prüfungsergebnisse angezweifelt, kann der Steuerpflichtige die Schätzung kaum verhindern. Dabei wird entweder ein externer oder ein interner Betriebsvergleich angewandt. Ein externer Betriebsvergleich vergleicht den zu prüfenden Betrieb mit gleichgelagerten Unternehmen, während bei einem internen Betriebsvergleich entweder einen Zeitreihenvergleich oder eine Nachkalkulation des Sollumsatzes getreu der Formel „Wirtschaftlicher Wareneinsatz x Rohgewinnaufschlagsatz" durchführt werden.[103] Mit einer Schätzung muss der Steuerpflichtige vor allem rechnen, wenn seine Angaben ungenügend sind oder er seinen Mitwirkungspflichten nicht nachkommt.[104]

4   Die E-Bilanz

4.1   Die Definition und die rechtlichen Grundlagen der E-Bilanz

Der Begriff E-Bilanz bezeichnet die „elektronische Einreichung von Bilanz und GuV für Steuerzwecke". Mit Einführung des § 5b EStG durch das

---

[99] Vgl. Buck, R./Klopfer, M.: Betriebsprüfung 2011, S. 92ff.

[100] Vgl. Polka, T./Jansen, A.: BC 2014, S. 95.

[101] Vgl. Buck, R./Klopfer, M.: Betriebsprüfung 2011, S. 92ff.

[102] Vgl. ebd.

[103] Vgl. Blenkers, M./Maier-Siegert, E.: BC 2005, S. 54.

[104] Vgl. Buck, R./Klopfer, M.: Betriebsprüfung 2011, S. 92ff.

Steuerbürokratieabbaugesetz[105] wurde bereits Ende 2008 die rechtliche Grundlage für die E-Bilanz geschaffen. Dazu verpflichtet sind ausnahmslos alle Steuerpflichtigen, die ihren Gewinn durch Bilanzierung ermitteln. Die E-Bilanz gibt erstmals ein „steuerliches Gliederungsschema" (sogenannte Taxonomie) vor.[106]

Grundlage der E-Bilanz ist § 5b EStG. Dieser begründet allerdings weder eine materiell-rechtliche Verpflichtung zur Buchführung noch enthält er Regelungen zur Gewinnermittlung. Vielmehr ist § 5b EStG eine Verfahrensvorschrift. Die „Taxonomie" ist gesetzlich nicht erwähnt, jedoch ist das BMF gemäß § 51 Abs. 4 Nr. 1b EStG ermächtigt, „im Einvernehmen mit den obersten Finanzbehörden der Länder den Mindestumfang der nach § 5b EStG elektronisch zu übermittelnden Bilanz und GuV zu bestimmen".[107]

Der Zeitpunkt der erstmaligen Anwendung des § 5b EStG ist in § 52 Abs. 15a EStG festgelegt. Das BMF hat allerdings von der Ermächtigung in § 51 Abs. 4 Nr. 1c EStG Gebrauch gemacht und die erstmalige Anwendung des § 5b EStG mittels Anwendungszeitpunktverschiebungsverordnung (AnwZpvV) um ein Jahr verschoben. Gemäß § 1 AnwZpvV muss die E-Bilanz erstmalig für Wirtschaftsjahre, die nach dem 31.12.2011 beginnen, übermittelt werden. Außerdem enthält das BMF-Schreiben vom 28.09.2011 mehrere Nichtbeanstandungsregelungen. Gemäß der „allgemeinen Nichtbeanstandungsregelung" wird es von der Finanzverwaltung nicht beanstandet, wenn im ersten Wirtschaftsjahr, das nach dem 31.12.2011 beginnt, die Bilanz und die GuV noch in Papierform übermittelt werden. Somit ist die erstmalige Abgabe einer E-Bilanz spätestens für Wirtschaftsjahre, die nach dem 31.12.2012 beginnen, verpflichtend.[108]

Kommt das Unternehmen dieser Pflicht zur Datenübermittlung nicht nach, kann die Finanzverwaltung ein Zwangsgeld verhängen. Dieses beträgt gemäß § 329 AO maximal 25.000 Euro. Das Zwangsgeld kann auch wiederholt festgesetzt werden. Dieses wiederholte Zwangsgeld kann gemäß § 332 Abs. 3 AO so lange erneut festgesetzt werden, bis die E-Bilanz eingereicht ist. Auch eine nicht vollständige Abgabe der E-Bilanz zählt als Nichtabgabe. Es ist davon auszugehen, dass von einem Zwangsgeld als erste Maßnahme vorerst nur Steuerpflichtige betroffen sein werden,

[105] Vgl. Steuerbürokratieabbaugesetz v. 20.12.2008, BGBl. I 2008, S. 2850.
[106] Vgl. Adrian, G./Fey, J./Franz, O. et al.: E-Bilanz 2012, S. 1ff.
[107] Vgl. ebd., S. 4ff.
[108] Vgl. Koch, S./Nagel, C./Maltseva, N.: E-Bilanz – rationell umstellen, S. 44.

die die Abgabe der E-Bilanz endgültig verweigern. In den meisten anderen Fällen wird die Finanzverwaltung zunächst Rückfragen an die Unternehmen richten.[109]

4.2 Die Ziele und Chancen der E-Bilanz

4.2.1 Die gesetzgeberischen Ziele der E-Bilanz

Das primäre Ziel der E-Bilanz ist die umfassende Umstellung von der papierbasierten Kommunikation zwischen der Finanzverwaltung und dem Steuerpflichtigen, hin zur elektronischen Kommunikation. Diese Umstellung soll dazu führen, dass Unternehmen ihre steuerlichen Pflichten schnell, kostensparend und sicher erfüllen können.[110]

Die Aussage „kostensparend" muss allerdings differenziert betrachtet werden. Die Kosteneinsparungen durch weniger Papieraufkommen sind zwar zu erwarten, jedoch kann die Einführung der E-Bilanz für die Unternehmen auch mit diversen Umstellungskosten verbunden sein. Das BMF unterschätzte diesen „Umstellungsaufwand". Es veranschlagte insgesamt lediglich 500.000 Euro Kosten bei 1.350.000 betroffenen Unternehmen. Das würde bedeuten, dass die E-Bilanz jedes Unternehmen im Schnitt nur 37 Cent Umstellungsaufwand kosten würde. Dieser Wert ist sehr unrealistisch.[111]

Ein weiteres Ziel der E-Bilanz resultiert aus dem vorgegebenen XBRL-Standard, in dessen Form der Inhalt der E-Bilanz übermittelt werden muss. XBRL steht für „eXtensible Business Reporting Language". Der Bericht des Finanzausschusse des Bundestages zum Steuerbürokratieabbaugesetz erläutert, dass die E-Bilanz zu mehr Gleichmäßigkeit und Gerechtigkeit bei der Besteuerung führen werde. Durch die Verkennzifferung von Bilanzen soll eine risikoorientierte Betriebsprüfung installiert werden. Ziel der E-Bilanz ist es also auch, Risiken möglichst frühzeitig, nämlich bereits im Rahmen der Veranlagung, zu erkennen, um im Anschluss die Ressourcen der Betriebsprüfung möglichst effizient einzusetzen.[112]

4.2.2 Die Chancen durch die Einführung der E-Bilanz

Schafft es der Steuerpflichtige, die Daten für die E-Bilanz weitgehend automatisiert zu generieren, kann die vorgegebene Standardisierung auch für die Unternehmen potentielle Vorteile haben. Damit dies gelingt, müssen die bestehenden Konten mit den Positionen der Steuer-Taxonomie abgeglichen werden. Dieser Vorgang wird als

---

[109] Vgl. Adrian, G./Fey, J./Franz, O. et al.: E-Bilanz 2012, S. 17f.
[110] Vgl. ebd., S. 13.
[111] Vgl. ebd., S. 13f.
[112] Vgl. ebd., S. 14f.

„Mapping" bezeichnet. Im Gegensatz zu den bisher meistens verwendeten Excel-Lösungen, sollte die automatisiert erstellte E-Bilanz außerdem eine geringere Fehleranfälligkeit aufweisen. Des Weiteren können XBRL-Daten unternehmensintern auch für andere Zwecke verwendet werden. Die E-Bilanz könnte zum Beispiel als Anlass zu einer Überarbeitung des Kontensystems genutzt werden. Auch die Integration der E-Bilanz in das unternehmensinterne Risikomanagement ist möglich. Die Unternehmen könnten beispielsweise das vorhandene Datenmaterial für eigene Auswertungen nutzen. Zudem darf der risikobasierte Ressourceneinsatz der Finanzverwaltung nicht nur negativ gesehen werden. Ist die eingereichte E-Bilanz nämlich plausibel, könnte das betroffene Unternehmen durch die Finanzverwaltung in eine niedrigere Risikoklasse eingestuft werden. Das hätte wiederrum zur Folge, dass das Unternehmen seltener oder in geringerem Umfang geprüft werden würde.[113]

4.3 Die Bestandteile der Steuer-Taxonomie

4.3.1 Grundlegendes zur Steuer-Taxonomie

Wie bereits erwähnt, ist der Begriff „Taxonomie" in den Gesetzesnormen zur E-Bilanz nicht definiert. Das BMF-Schreiben vom 28.09.2011 charakterisiert Taxonomie allerdings als ein „Datenschema für die Jahresabschlussdaten". Dieses Datenschema beinhaltet eine Hierarchieordnung verschiedenartiger Jahresabschlusspositionen, die miteinander in Beziehung gesetzt werden können. Das auf der HGB-Taxonomie 4.1 basierende und für steuerliche Zwecke angepasste Schema enthält ein Stammdatenmodul („Global Common Data" (GCD-Modul)) und ein Jahresabschlussmodul („Generally Accepted Accounting Principles" (GAAP-Modul)).[114]

Die aktuellen Taxonomien der Version 5.3 vom 02.04.2014 können auf der Internetseite www.esteuer.de heruntergeladen werden.[115]

Das GCD-Modul umfasst drei Hauptbereiche: Dokumentinformationen, Informationen zum Bericht und Informationen zum Unternehmen. Da die Steuer-Taxonomie wie oben beschrieben auf der HGB-Taxonomie 4.1 basiert, existieren allerdings teilweise Auswahlfunktionen, die für den Zweck der E-Bilanz irrelevant sind. Das GCD-Modul ist gewissermaßen das „Anschreiben" zur Steuerbilanz. Das GAAP-Modul beinhaltet das steuerliche Datenschema zur Übermittlung der „gebräuchlichen

---

[113] Vgl. Adrian, G./Fey, J./Franz, O. et al.: E-Bilanz 2012, S. 15f.
[114] Vgl. ebd., S. 59.
[115] Betreiber dieser Website ist das Bayerische Landesamt für Steuern

Berichtsbestandteile für Unternehmen aller Rechtsformen und Größenordnungen"[116]. Darin sind unter anderem Bilanz, GuV, Anhang, Lagebericht, Eigenkapitalspiegel und Kapitalflussrechnung enthalten.[117]

4.3.2 Die Kennzeichnungen der Steuer-Taxonomie

Die Taxonomie standardisiert Inhalte des Jahresabschlusses für steuerliche Zwecke, indem sie ein einheitliches Gliederungsschema vorgibt. Aufgrund von Interdependenzen einzelner Positionen dieses Schemas müssen Rechenregeln beachtet werden. Zudem besitzt jede Taxonomieposition eine Kennzeichnung, die dem Steuerpflichtigen anzeigt, ob und wann diese Position mit einem Wert versehen werden muss. Die wichtigsten Kennzeichnungen lauten: „Mussfeld", „Summenmussfeld" und „rechnerisch notwendige Position". Daneben existieren noch weitere Kennzeichnungen. Im Einzelnen sind das: „Auffangposition", „Davon-Positionen" und „Unzulässige Positionen". Außerdem gibt es einige wenige Positionen ohne Kennzeichnung. Diese sogenannten „Kann"-Felder sind nötig, damit eine möglichst hohe Standardisierung erreicht werden kann. Denn obwohl die Taxonomie keine individuellen Erweiterungen von Unternehmensseite zulässt, sollen sämtliche unternehmenseigenen Konten der Taxonomie zugeordnet werden können. Die Bilanz und die GuV der Kerntaxonomie Version 5.0 bestehen für Körperschaften aus 794 Positionen. Davon sind 417 Positionen entweder Mussfeld, Summenmussfeld oder rechnerisch notwendig. Diese müssen verpflichtend übermittelt werden.[118]

Da die Befüllung der Mussfelder verpflichtend ist, wird bei Einreichung der E-Bilanz elektronisch überprüft, ob alle Mussfelder einen Wert aufweisen. Diese Befüllung kann auch durch einen Leerwert (sogenannter „NIL"-Wert („Not in List")) erfolgen. Dieser ist beispielsweise dann zu verwenden, wenn für das betroffene Mussfeld keine Geschäftsvorfälle verbucht sind.[119] Die Übermittlung eines NIL-Wertes darf auch dann erfolgen, wenn der unternehmenseigene Kontenplan nicht dem Detaillierungsgrad der Steuertaxonomie entspricht. Eine Zuordnung zu den einzelnen Positionen der Taxonomie ist dann nicht möglich. Sollte der Wert allerdings aus der Buchführung „ableitbar" sein, ist der abgeleitete Wert zu übermitteln.[120]

---

[116] BMF-Schreiben v. 28.09.2011, BStBl. I 2011, S.855.
[117] Vgl. Adrian, G./Fey, J./Franz, O. et al.: E-Bilanz 2012, S. 59ff.
[118] Vgl. ebd., S. 63f.
[119] Vgl. Althoff, F.: Neue E-Bilanz 2011, S. 62.
[120] Vgl. Adrian, G./Fey, J./Franz, O. et al.: E-Bilanz 2012, S. 64ff.

Summenmussfelder befinden sich in der Hierarchie der Taxonomie-Positionen über den Mussfeldern.[121] Die Summenmussfelder sind entweder additiv oder subtraktiv mit den Mussfeldern verknüpft. Ein Summenmussfeld ist also immer die Summe mehrerer Mussfelder. Die Summenmussfelder orientieren sich am Gliederungsschema des § 266 HGB. Allerdings gibt es auch Summenmussfelder, die auf einer tieferen oder höheren Hierarchiestufe eingeordnet sind. Summenmussfelder sind ebenfalls verpflichtend mit einem Wert zu befüllen.[122]

Rechnerisch notwendige Positionen befinden sich auf einer Ebene mit den Mussfeldern. Sie sind zusätzlich zu übermitteln, wenn der Wert des übergeordneten Summenmussfeldes sich nicht allein aus der Summe der Mussfelder berechnet. Einziger Unterschied zu den Mussfeldern ist somit die Tatsache, dass eine nicht vorhandene rechnerisch notwendige Position nicht mit dem NIL-Wert übermittelt werden muss.[123]

Die sonstigen Taxonomie-Positionen, „Auffang"-, „Davon"- und „Kann"-Positionen, werden an dieser Stelle nicht näher beleuchtet.

4.4 Die Umsetzung der E-Bilanz im Unternehmen

Die E-Bilanz „stellt die betroffenen Unternehmen in vielerlei Hinsicht vor erhebliche organisatorische und administrative sowie technische Herausforderungen"[124]. Die Unternehmen müssen mittels gezielter Analysen die gegenwärtigen organisatorischen Strukturen auf ihre Kompatibilität überprüfen und im Anschluss die richtigen Entscheidungen treffen. Insbesondere muss überprüft werden, inwiefern die aktuellen Unternehmensstrukturen mit den Anforderungen der Taxonomie vereinbar sind. Die Prozesse der einzelnen Unternehmensbereiche, vor allem jener, die nicht in direktem Zusammenhang mit der Erstellung der E-Bilanz stehen, müssen miteinander abgestimmt und koordiniert werden. Nur so kann gewährleistet werden, dass alle steuerrelevanten Daten rechtzeitig zur Verfügung stehen. Eine kostenminimierende Einführung der E-Bilanz verlangt also nach einer ganzheitlichen, bereichsübergreifenden Umsetzung dieses Projektes.[125]

---

[121] Vgl. Althoff, F.: Neue E-Bilanz 2011, S. 60.
[122] Vgl. Adrian, G./Fey, J./Franz, O. et al.: E-Bilanz 2012, S. 68ff.
[123] Vgl. ebd., S. 70f.
[124] Koch, S./Nagel, C./Maltseva, N.: E-Bilanz – rationell umstellen, S. 127.
[125] Vgl. Koch, S./Nagel, C./Maltseva, N.: E-Bilanz – rationell umstellen, S. 127.

Bevor weitere Anpassungen erfolgen können, muss zunächst die Wahl der Übermittlungsvariante der E-Bilanz getroffen werden. Die E-Bilanz kann entweder in Form einer handelsrechtlichen Bilanz inklusive Überleitungsrechnung gemäß § 5b Abs. 1 Satz 1,2 EStG oder alternativ in Form einer unmittelbar den steuerlichen Vorschriften entsprechenden Steuerbilanz gemäß § 5b Abs. 1 Satz 3 EStG übermittelt werden. Der materielle Inhalt beider Varianten ist derselbe. Allerdings haben beide Methoden sowohl Vor- als auch Nachteile, beispielsweise den Umstellungsaufwand oder die zukünftige Buchungspraxis betreffend. Außerdem müssen bestimmte Voraussetzungen erfüllt sein, um die jeweilige Variante erfolgreich umsetzen zu können. Ebenfalls muss beachtet werden, inwiefern die Möglichkeiten, steuerliche Wahlrechte auszuüben, betroffen sind.[126]

Auch muss eine Entscheidung getroffen werden, in welchem Umfang die E-Bilanz zukünftig übermittelt werden soll. Das Unternehmen hat dabei die Wahl, entweder lediglich den Mindestumfang, bestehend aus den Taxonomie-Positionen mit der Kennzeichnung „Summenmussfeld", „Mussfeld", „Mussfeld, Kontennachweis erwünscht" sowie „rechnerisch notwendig, soweit vorhanden", oder den um optionale Positionen erweiterten Mindestumfang zu übermitteln. Die Wahl ist größtenteils von der Verfügbarkeit der steuerrelevanten Daten und den übergeordneten Zielen des Unternehmens abhängig.[127]

4.5 Die Auswirkungen der E-Bilanz auf anschlussgeprüfte Unternehmen

Eine Besonderheit bei der E-Bilanz stellen anschlussgeprüfte Unternehmen dar. Diese werden aufgrund ihrer Größe durchgehend einer steuerlichen Betriebsprüfung unterzogen. Folglich bedarf es keiner Identifikation durch das Risikomanagementsystem der Finanzverwaltung, ob ein anschlussgeprüftes Unternehmen einer tiefergehende Prüfung bedarf, denn es wird sowieso ununterbrochen steuerlich geprüft. Allerdings müssen auch anschlussgeprüfte Unternehmen die Anforderungen der Taxonomie beachten und ihre Prozesse und Systeme so einrichten, dass alle steuerlich relevanten Geschäftsvorfälle erfasst werden und die entsprechenden Taxonomie-Positionen der E-Bilanz befüllt werden können.[128]

---

[126] Vgl. Koch, S./Nagel, C./Maltseva, N.: E-Bilanz – rationell umstellen, S. 127ff.
[127] Vgl. ebd., S. 129ff.
[128] Vgl. Richter, A./Welling, B.: FR 2013, S. 408.

Es wird diskutiert, ob die verpflichtende Übermittlung der E-Bilanz durch anschluss-geprüfte Unternehmen überhaupt sinnvoll ist, denn schließlich dient die E-Bilanz in erster Linie der Risikoidentifikation. Die Finanzverwaltung argumentiert, dass eine Einführung der E-Bilanz ohne Einbezug der größten Unternehmen nicht durchsetzbar und auch nicht kommunizierbar gewesen wäre, da dem Großteil der sonstigen Betroffenen das Verständnis fehle, warum gerade die größten Unternehmen von einer verpflichtenden Übermittlung der E-Bilanz befreit sein sollten.[129]

5 Das Risikomanagement im Unternehmen bei der steuerlichen Außenprüfung

5.1 Grundsätzliches zum steuerlichen Risikomanagement

Die Finanzverwaltung erhält in Folge der mittlerweile verpflichtenden Übermittlung aller Steuererklärungen Daten aus drei unterschiedlichen Quellen, nämlich der elektronischen Steuererklärung, der digitalen Außenprüfung gemäß GDPdU und der E-Bilanz.[130] Auf diese Weise kann die Finanzverwaltung moderne EDV-basierte und meist tief integrierte Buchführungssysteme inzwischen digital deutlich schneller und effektiver auf Unregelmäßigkeiten prüfen als zuvor.[131] Jedoch haben die Unternehmen bereits seit Einführung des digitalen Datenzugriffs im Rahmen der Außenprüfung Schwierigkeiten, sich auf die neuen Möglichkeiten der Finanzverwaltung richtig einzustellen.[132]

5.2 Die Risiken der E-Bilanz

5.2.1 Grundlegendes zu den Risiken der E-Bilanz

Da die E-Bilanz als Indikator der Prüfungsbedürftigkeit genutzt wird, indem sie durch das neue Risikomanagementsystem der Finanzverwaltung verprobt wird, entsprechen die Risiken der E-Bilanz meines Erachtens zu großen Teilen denen der elektronischen Außenprüfung. Denn ein Unternehmen muss mit einer zeitnahen steuerlichen Außenprüfung rechnen, wenn es infolge der übermittelten E-Bilanz auffällig wird. Meines Erachtens ist es somit das Hauptrisiko der E-Bilanz, als Unternehmen überhaupt einer steuerlichen Außenprüfung unterzogen zu werden. Eine Betriebsprüfung ist nicht nur zeit- und kostenaufwändig, auch die aus Unregelmäßigkeiten resultierenden Folgen können ein Unternehmen stark belasten. Beispiels-

---

[129] Vgl. Richter, A./Welling, B.: FR 2013, S. 410.
[130] Vgl. Polka, T./Jansen, A.: BC 2014, S. 93.
[131] Vgl. Groß, S./Weissinger, A.: BC 2003, S. 250.
[132] Vgl. Kerssenbrock, O.-F./Riedel, O./Zöllkau, Y.: Steuerliches Risikomanagement 2005, S. 24.

weise bergen Zuschätzungen nicht nur finanzielle, sondern auch strafrechtliche Konsequenzen.[133] Allerdings unterscheiden sich die E-Bilanz und die GDPdU-Außenprüfung insofern, dass die erhobenen Daten der Finanzverwaltung zu unterschiedlichen Zeitpunkten zur Verfügung stehen und verschiedene Verdichtungsstufen aufweisen. Die Risikoprüfung anhand der E-Bilanz ist nicht in gleichem Maße aussagekräftig wie die digitale Außenprüfung.[134] Da die E-Bilanz auf Veranlagungsebene des Besteuerungsverfahrens eingeordnet ist,[135] werden im Folgenden Möglichkeiten aufgezeigt, die Richtigkeit der relevanten steuerlichen Inhalte sicherzustellen. So soll eine korrekte Veranlagung und damit eine zeitnahe Steuerfestsetzung erreicht werden. Außerdem sinkt das Hauptrisiko der E-Bilanz, nämlich im neuen Risikomanagementsystem der Finanzverwaltung auffällig zu werden. Denn je höher die Risikoklasse eines Unternehmens ist, desto wahrscheinlicher wird eine steuerliche Außenprüfung zur tiefergehenden Prüfung steuerlicher Verhältnisse.[136]

5.2.2 Die Definition und die Einordnung von „Tax Compliance"

Im Zusammenhang mit der Erfüllung steuerlicher Pflichten wird oft der Begriff „Tax Compliance" erwähnt, weshalb er hier kurz definiert wird. „Tax Compliance" bezeichnet eine Prozesskategorie im Unternehmen, die die „strategisch gewollte und durchgeführte Befolgung aller relevanten, steuerlichen Gesetze und Verordnungen"[137] sicherstellen soll. Dazu zählen „die Einhaltung der Vorschriften zur zutreffenden Erstellung und zeitgerechten Einreichung der Berichterstattungsdokumente und die fristgemäße Befolgung steuerlicher Verpflichtungen"[138].

5.2.3 Die Risiken bei der Aufbewahrung und Archivierung digitaler Daten

Die Archivierung von Daten betrifft nicht nur steuerrelevante Daten. Vielmehr werden durch die Aufbewahrung, Erschließung und Bereitstellung von Informationen überhaupt erst die Voraussetzungen wettbewerbsfähiger Unternehmen geschaffen. Dabei müssen größere Unternehmen diesem Themenkomplex mehr Aufmerksamkeit widmen als kleinere Unternehmen. Denn diejenigen Unternehmen, die ihre Buchhaltung an einen Steuerberater ausgelagert haben, erhalten die steuerrelevanten Daten in der Regel in einer GDPdU-konformen Form von diesem. Vielmehr ist die richtige

---

[133] Vgl. Blenkers, M./Maier-Siegert, E.: BC 2005, S. 54.
[134] Vgl. Polka, T./Jansen, A.: BC 2014, S. 93.
[135] Vgl. ebd., S. 98.
[136] Vgl. ebd., S. 98.
[137] Koch, S./Nagel, C./Maltseva, N.: E-Bilanz – rationell umstellen, S. 131.
[138] Ebd., S. 131f.

Archivierung digitaler Daten relevant, wenn Daten mangels Speicherkapazitäten aus einem Anwendungssystem in ein Archivsystem überführt werden müssen, wenn vorhandene Systeme durch neue Systeme ersetzt werden sollen oder wenn zahlreiche verschiedene Systeme steuerrelevante Daten enthalten und diese zusammengeführt werden sollen. Daneben müssen die Daten so archiviert werden, dass sie für die digitale Betriebsprüfung zugänglich und maschinell auswertbar sind.[139] Die Abgrenzung der maschinell auswertbaren, steuerlich bedeutsamen Daten, die in einem Unternehmen entstehen oder verarbeitet werden und der Aufbewahrungspflicht unterliegen, ist somit eine der zentralen Aufgaben eines Unternehmens.[140]

Bei der E-Bilanz muss beachtet werden, dass alle steuerrelevanten Geschäftsvorfälle stets richtig erfasst und gespeichert werden, denn oft ist eine Korrektur zu einem späteren Zeitpunkt nicht mehr oder nur unter großem Zeit- und Kostenaufwand möglich. Die zeitnahe Erfassung durch entsprechende Systeme im Unternehmen stellt sicher, dass die Korrektheit der E-Bilanz nicht durch fehlende oder falsche Daten gefährdet wird. So können in der Folge alle verpflichtenden Felder der Taxonomie ordnungsgemäß befüllt werden.

5.2.4 Risikominimierung durch den unternehmensinternen IDEA-Einsatz

Die Prüfung der E-Bilanz auf Veranlagungsebene durch das Risikomanagementsystem der Finanzverwaltung ähnelt meines Erachtens dem Z3-Zugriff, also der Prüfung mittels Datenträgerüberlassung, der digitalen Steuerprüfung. Diese kann inzwischen mittels der IDEA-Ausbaustufe „AIS TaxAudit" steuerrelevante Daten größtenteils automatisiert analysieren, indem es dem Prüfer vorgefertigte IDEA-Makros zur Verfügung stellt.[141] Meines Erachtens ist die unternehmensinterne Prüfung der zu übermittelnden E-Bilanz deshalb eine effektive Möglichkeit, Risiken zu minimieren. So können nicht plausible Inhalte entdeckt und behoben werden, bevor die Finanzverwaltung ihrerseits die E-Bilanz auf Unregelmäßigkeiten durchsucht.

Hierzu eignen sich diverse am Markt frei erhältliche Standardsoftwareprogramme. Mit diesen können die Daten einer steuerlichen Prüfung unterzogen werden. Sie ermöglichen aber auch Analysen für andere Zwecke. Geeignete Programme sind zum

---

[139] Vgl. Kerssenbrock, O.-F./Riedel, O./Zöllkau, Y.: Steuerliches Risikomanagement 2005, S. 28ff.
[140] Vgl. Polka, T./Jansen, A.: BC 2014, S. 94.
[141] Vgl. Groß, S./Weissinger, A.: BC 2003, S. 250f.

Beispiel die bereits erwähnte IDEA-Software, ACL sowie verschiedene Tabellenkalkulationsprogramme, wie zum Beispiel Microsoft Excel.[142]

Die Software IDEA wird in Deutschland von der Audicon GmbH mit Sitz in Stuttgart vertrieben. Audicon bietet auch den Unternehmen eine auf der offiziellen Prüfsoftware der Finanzverwaltung basierende Version zum Verkauf an. Diese Version beinhaltet verschiedene Möglichkeiten, Daten zu analysieren und auszuwerten.[143] Dazu gehören unter anderem die Lückenanalyse, die Mehrfachbelegungsanalyse sowie die Möglichkeit, mehrere Tabellen zu einer einzigen zusammenzuführen.[144] Mit Hilfe der Lückenanalyse kann beispielsweise überprüft werden, ob Rechnungs- oder Lieferscheinnummern nicht fortlaufend nummeriert oder doppelt erfasst sind.[145] Auch kann die E-Bilanz so statistischen Tests, wie beispielsweise Benfords Gesetz oder dem Chi-Quadrat-Test, unterzogen werden.[146]

Das Unternehmen macht also nichts anderes mit der E-Bilanz als die Finanzverwaltung im Veranlagungsverfahren. Einziger Unterschied ist, dass das Unternehmen zu dem früheren Zeitpunkt noch die Möglichkeit hat, Unregelmäßigkeiten zu beseitigen oder fehlende Daten zu ergänzen. Bestehen diese zum Zeitpunkt der Veranlagung nicht mehr, reduziert sich das Risiko einer tiefergehenden Prüfung durch die Finanzverwaltung. Wenn die in der E-Bilanz übermittelten Daten plausibel sind, bleibt das Unternehmen unauffällig und wird einer geringeren Risikoklasse zugeordnet.[147] Mit der Betriebsprüfung verbundene Kosten können so vermieden werden und mit Zwangsmitteln wie dem Verspätungszuschlag gemäß § 146 Abs. 2b AO, als Folge einer unvollständigen Übermittlung der E-Bilanz, muss nicht gerechnet werden.

Allerdings können die Abläufe der Realität nicht vollkommen simuliert werden. Die Finanzverwaltung verfügt weiterhin über eine große Auswahl möglicher Prüfungsansätze. Die konkreten Prüfungshandlungen des Betriebsprüfers können somit nicht vorhergesehen und Rückschlüsse auf Mehr- oder Mindersteuern nicht gezogen werden.[148]

---

[142] Vgl. Kerssenbrock, O.-F./Riedel, O./Zöllkau, Y.: Steuerliches Risikomanagement 2005, S. 94.
[143] Vgl. Groß, S./Weissinger, A.: BC 2003, S. 250.
[144] Vgl. Kerssenbrock, O.-F./Riedel, O./Zöllkau, Y.: Steuerliches Risikomanagement 2005, S. 96ff.
[145] Vgl. Groß, S./Weissinger, A.: BC 2003, S. 250.
[146] Vgl. Althoff, F.: Neue E-Bilanz 2011, S. 130.
[147] Vgl. ebd., S. 60.
[148] Vgl. Kerssenbrock, O.-F./Riedel, O./Zöllkau, Y.: Steuerliches Risikomanagement 2005, S. 136.

Die Unternehmen sollten die Umstellung auf die E-Bilanz vielmehr als Chance begreifen, sich mit den Möglichkeiten der Risikoprüfung durch die Finanzverwaltung auseinanderzusetzen und ihre Systeme und Prozesse dementsprechend anpassen.[149] Außerdem haben sie mit der internen IDEA-Anwendung die Möglichkeit, mit relativ geringem Aufwand die Beurteilung der Finanzverwaltung zu antizipieren.[150]

5.2.5 Der Zeitreihenvergleich sowie Strategien zur Vermeidung einer Schätzung auf Basis des Zeitreihenvergleichs

Der Zeitreihenvergleich ist eine mögliche Folge von Unregelmäßigkeiten im Rahmen der Schätzung. Er soll Fälle aufdecken, in denen sowohl die Erlöse als auch der Wareneinsatz nicht korrekt verbucht worden sind. Vor allem Unternehmen mit einem großen Anteil von Barumsätzen werden mit diesem geprüft. Zunächst werden dabei die deklarierten Wareneinkäufe eines Wirtschaftsjahres chronologisch sortiert. Anschließend werden einzelne Warensorten, die nur unregelmäßig beschafft werden, auf den Zeitraum zwischen zwei Beschaffungsterminen verteilt und die entsprechenden Anteile einzelnen Kalenderwochen zugeordnet. Die den Kalenderwochen entsprechenden verbuchten Umsatzerlöse werden dann dem jeweiligen Wareneinsatz gegenübergestellt. Aus der Differenz von Einkaufs- und Verkaufswert wird letztlich der sogenannte Rohgewinnaufschlag berechnet. Die Finanzverwaltung setzt voraus, dass dieser Aufschlag über einen längeren Zeitraum gleich bleibt. Außerdem vergleicht sie ihn mit der amtlichen Richtsatzsammlung. Schwankt der Rohgewinnaufschlag stark und ergeben sich für mehrere zusammenhängende Wochen höhere Aufschlagsätze, werden diese für das gesamte Jahr angenommen. Das kann zu einer deutlichen Steuermehrbelastung führen. Ein Unternehmen kann eine solche Zuschätzung nur vermeiden, indem es nachvollziehbare Begründungen für die unregelmäßigen Aufschläge liefert. Beispielsweise kann auf die Vorratshaltung, saisonale Schwankungen oder einen Lieferantenwechsel verwiesen werden. Eine permanente Inventur verbessert dabei die Verhandlungsposition des Geprüften.[151]

5.2.6 Die Vermeidung typischer Buchführungsfehler

Das Risiko falsch verbuchter Geschäftsvorfälle und somit falscher Besteuerungsgrundlagen besteht auch durch typische Buchführungsfehler. So können beispielsweise bereits an den Schnittstellen von manuellen Tätigkeiten zur EDV einfache Ad-

---

[149] Vgl. Kerssenbrock, O.-F./Riedel, O./Zöllkau, Y.: Steuerliches Risikomanagement 2005, S. 136.
[150] Vgl. Groß, S./Weissinger, A.: BC 2003, S. 253.
[151] Vgl. Blenkers, M./Maier-Siegert, E.: BC 2005, S. 55.

ditionsfehler eintreten, die durch mehrfaches Nachrechnen entdeckt und so vermieden werden können. Auch können Doppelbuchungen aufgrund mehrerer Belege für denselben Geschäftsvorfall auftreten. Um solche zu vermeiden, sollten Unternehmen vor Erstellung des Jahresabschlusses Saldenbestätigungen bei ihren Lieferanten einholen. Insgesamt lassen sich derartige Fehler aber durch eine ordnungsgemäße EDV-Buchführung weitestgehend vermeiden. Die meisten Fehler der Finanzbuchhaltung liegen allerdings im materiellen Bereich. Vor allem die falsche Anwendung geltenden Rechts führt oft zu Fehlern.[152] Sogar bei mittelständischen Unternehmen ist eine fehler- und lückenlose Buchhaltung unrealistisch.[153]

5.3 Risikovermeidung durch Anti-Fraud-Management

5.3.1 Die Definition von Fraud

Fraud bezeichnet eine spezielle Ausprägung von Unregelmäßigkeiten. Unregelmäßigkeiten lassen sich gemäß IDW PS 210 in „falsche Angaben in der Rechnungslegung" und „keine falschen Angaben in der Rechnungslegung, aber sonstige Gesetzesverstöße (unbeabsichtigt oder beabsichtigt)" unterscheiden. Der Teilbereich „falsche Angaben in der Rechnungslegung" lässt sich weiter differenzieren in unbeabsichtigte Verstöße und. Beabsichtigte Verstöße werden als Fraud bezeichnet. Unbeabsichtigte Unrichtigkeiten, das „Gegenstück" zu Fraud, werden indes „Error" genannt. Fraud lässt sich final in „Täuschungen" und „Vermögensschädigungen und Gesetzesverstöße" unterscheiden.[154]

5.3.2 Das Risikomanagement fraudulenter Handlungen

Fraudulente Handlungen können für Unternehmen zu enormen materiellen und immateriellen Schäden führen, von denen oft die Stakeholder betroffen sind. Zahlreiche Regelungen wie zum Beispiel das „Gesetz zur Kontrolle und Transparenz im Unternehmensbereich" (KonTraG) oder der „Deutsche Corporate Governance Kodex" (DCGK) zwingen die Unternehmen dazu, fraudulente Handlungen stärker zu berücksichtigen. Da die Verletzung von Sorgfaltspflichten zu Sanktionen führen kann, ist die Vermeidung von Fraud essentieller Bestandteil der Corporate Governance.[155]

Fraud-Risiken nehmen innerhalb des Risikomanagementsystems eines Unternehmens meist eine untergeordnete Rolle ein. Deshalb empfiehlt es sich, hier anzusetzen

---

[152] Vgl. Leister, M.: Typische Buchführungsfehler 1998, S. 5f.
[153] Vgl. Blenkers, M./Maier-Siegert, E.: BC 2005, S. 56.
[154] Vgl. Nimwegen, S.: Fraud 2009, S. 7.
[155] Vgl. ebd., S. V.

31

und fraudspezifische Risikomanagementoptionen auszubauen. Die Existenz der nötigen Infrastruktur im Risikomanagementsystem begünstigt dieses Vorhaben.[156]

6   Zusammenfassung

Die verpflichtende Übermittlung der E-Bilanz beeinflusst stark das Vorgehen der Finanzverwaltung. Durch die elektronische Verfügbarkeit von Bilanz und Gewinn- und Verlustrechnung bereits auf Veranlagungsebene profitieren sowohl die Außenprüfung als auch diejenigen Unternehmen, die ihre Systeme und Prozesse angepasst und modernisiert haben. Die Finanzverwaltung deshalb, weil sie ihre Ressourcen zukünftig effizienter einsetzen kann. Das liegt vor allem daran, dass die Daten der E-Bilanz in einem einheitlichen Datenschema, der Taxonomie, übermittelt werden. Diese werden durch das neue Risikomanagementsystem der Finanzverwaltung verifiziert und dabei mit den ebenfalls verfügbaren Daten der elektronischen Steuererklärung abgeglichen. Anschließend kann sich die Finanzverwaltung auf die tiefergehende Prüfung derjenigen Unternehmen konzentrieren, deren Buchhaltung Unplausibilitäten aufweist. Diese Tatsache impliziert den Nutzen für jene Unternehmen, die durch die form- und fristgerechte Übermittlung der E-Bilanz im Risikomanagement der Finanzverwaltung unauffällig bleiben. Die Wahrscheinlichkeit einer zeit- und kostenintensiven Betriebsprüfung reduziert sich. Erhalten diese Unternehmen trotzdem eine Prüfungsanordnung, können sie dieser optimistischer entgegenblicken. Denn sind die unternehmensinternen Systeme und Prozesse, insbesondere die Archivierungs- und Aufbewahrungssysteme auf aktuellem Stand, können benötigte Daten im Rahmen der digitalen Außenprüfung zeitnah zur Verfügung gestellt werden. Die Dauer der Betriebsprüfung verkürzt sich und mögliche Folgen, wie der Verspätungszuschlag oder die Schätzung, bleiben aus. Die negativen Folgen einer Betriebsprüfung, von nicht vorhandenen Daten, fehlenden Zugriffsmöglichkeiten oder nicht erfüllten Mitwirkungspflichten treffen vielmehr die Unternehmen, die ihre Buchführung immer noch nicht modernisiert haben. Diese Unternehmen sollten die E-Bilanz jedoch als Chance begreifen und die verpflichtende Einführung derselben als Anlass nutzen, nun endlich die nötigen Schritte zur Modernisierung ihres Rechnungswesens, inklusive der zugehörigen Systeme und Prozesse, in die Wege zu leiten.

---

[156] Vgl. Nimwegen, S.: Fraud 2009, S. 53.

Quellenverzeichnis

Literaturverzeichnis

Adrian, G./Fey, J./Franz, O. et al. **(E-Bilanz)**, in: KPMG (Hrsg.): E-Bilanz, Dr. Otto Schmidt Verlag, Köln 2012.

Althoff, F./Arnold, A./Jansen, A. et al. **(Neue E-Bilanz)**: Die neue E-Bilanz, Haufe Verlag, Freiburg 2011.

Baetge, J./Jerschensky, A./Herrmann, D. et al.: Die Auswahl prüfungsbedürftiger Betriebe im Rahmen der steuerlichen Außenprüfung, in: Der Betrieb **(DB)** 1995, S. 585–594.

Bizer, K. **(Steuervereinfachung)**: Steuervereinfachung und Steuerhinterziehung, Duncker & Humblot Verlag, Berlin 2008.

Blenkers, M./Maier-Siegert, E.: Neue Methoden der Betriebsprüfung: Wie können sich Unternehmen bei Durchführung des Zeitreihenvergleichs wappnen?, in: Zeitschrift für Bilanzierung, Rechnungswesen und Controlling **(BC)** 2005, S. 54–57.

Buck, R./Klopfer, M. **(Betriebsprüfung)**: Betriebsprüfung – Grundlagen, Ablauf, Prüfungsbericht, Gabler Verlag, Wiesbaden 2011.

Flamm, M. **(Digitale Steuerprüfung)**: Die digitale Steuerprüfung kommt!, DATEV eG, Nürnberg 2005.

Flamm, M. **(Betriebsprüfer mit Röntgenblick)**: Betriebsprüfer mit Röntgenblick – Was die Buchführung alles verrät, DATEV eG, Nürnberg 2006.

Groß, S./Weissinger, A.: Die digitale Betriebsprüfung mit der IDEA-Prüfsoftware – Selbsttest zur optimalen Vorbereitung, in: Zeitschrift für Bilanzierung, Rechnungswesen und Controlling **(BC)** 2003, S. 250–253.

Harrington, S. E./Niehaus, G. R. **(Risk Management)**: Risk Management and Insurance, second edition, McGraw-Hill/Irwin Verlag, New York 2004.

Kaligin, T.: Auswahl von Betriebsprüfungsfällen, in: Die Steuerberatung **(Stbg)** 2012, S. 173–176.

Kerssenbrock, O.-F./Riedel, O./Zöllkau, Y. **(Steuerliches Risikomanagement)**, in: Ernst & Young (Hrsg.): Steuerliches Risikomanagement, Stollfuß Verlag, Bonn 2005.

Klein, A. **(Risikomanagement)**: Risikomanagement und Risiko-Controlling, Haufe Verlag, Freiburg 2011.

Koch, S./Nagel, C./Maltseva, N. **(E-Bilanz – rationell umstellen)**: E-Bilanz – rationell und richtig umstellen, nwb Verlag, Herne 2012.

Krüger, R./Schult, B./Vedder, R. (**Digitale Betriebsprüfung**): Digitale Betriebsprüfung – GDPdU in der Praxis, Gabler Verlag, Wiesbaden 2010.

Leister, M. (**Typische Buchführungsfehler**): Typische Buchführungsfehler und Betriebsprüfung, 3., neubearbeitete Auflage, Erich Schmidt Verlag, Bielefeld 1998.

Modlinger, F.: Das Risikomanagement der Finanzämter, in: Die Steuerberatung (**Stbg**) 2011, S. 515f.

Nimwegen, S. (**Fraud**): Vermeidung und Aufdeckung von Fraud, Josef Eul Verlag, Köln 2009.

Offensive Mittelstand – Gut für Deutschland (Hrsg.) (**Unternehmensführung**): Unternehmensführung für den Mittelstand, Schäffer-Poeschel Verlag, Stuttgart 2012.

Panek, M. (**Außenprüfung**): Die steuerliche Außenprüfung, Dr. Kovač Verlag, Hamburg 2008.

Polka, T./Jansen, A.: Der Praktiker-Tipp – Aktuelle Entwicklungen bei der elektronischen Außenprüfung: Verhaltensempfehlungen, in: Zeitschrift für Bilanzierung, Rechnungswesen und Controlling (**BC**) 2014, S. 93–101.

Richter, A./Welling, B.: Tagungs- und Diskussionsbericht zum 46. Berliner Steuergespräch „Elektronisches Steuerverfahren", in: Finanz-Rundschau (**FR**) 2013, S. 406–412.

Suck, J.: Die Anlage EÜR: Zwischen Risikomanagement und Rechtswidrigkeit, in: Deutsche Steuer-Zeitung (**DStZ**) 2010, S.606–612.

Wehrhagen, M.: Überprüfung von Excel-Tabellenkalkulationen, in: Risk, Compliance & Audit (**RCA**) 2011, S. 40–46.

Wähnert, A.: Risikomanagement mit summarischen Methoden, in: Steuer Consultant (**SC**) 2009, S. 26f.

Verzeichnis der Internetquellen

Brennecke & Partner (Hrsg.) (**Überblick**): Außenprüfung im Steuerrecht –
Voraussetzungen und Ablauf im Überblick (Stand: 12/2009), unter:
http://www.brennecke.pro/177535/Aussenpruefung-im-Steuerrecht--
Voraussetzungen-und-Ablauf-im-Ueberblick (10.06.2014).

Bundesministerium der Finanzen (BMF) (**Jahresergebnis**): Jahresergebnis der steuerlichen Betriebsprüfung für das Jahr 2012, unter:
http://www.bundesfinanzministerium.de/Content/DE/Downloads/BMF_Sch
reiben/Weitere_Steuerthemen/Betriebspruefung/2012-06-18-Ergebnis-
steuerliche-Betriebspruefung-2012-anl.pdf?__blob=publicationFile&v=4
(05.06.2014).

Bundesministerium der Finanzen (BMF) (**Größenklassen**): Einordnung in Größenklassen gemäß § 3 BpO 2000; Festlegung neuer Abgrenzungsmerkmale zum
1. Januar 2013, unter:
http://www.bundesfinanzministerium.de/Content/DE/Downloads/BMF_Sch
reiben/Weitere_Steuerthemen/Betriebspruefung/2012-06-22-einordnung-in-
groessenklassen-2013.html (13.06.2014).

Bundesministerium des Innern (BMI) (**E-Government**): E-Government, unter:
http://www.bmi.bund.de/DE/Themen/IT-Netzpolitik/E-Government/e-
government_node.html (11.06.2014).

Schneider, G. (**Gefahr**): Alarmierende Statistik zu Betriebsprüfungen: die 17.300 €
Gefahr, 2012, unter:
http://www.bwr-media.de/steuern-bilanzierung/10770_alarmierende-
statistik-zu-betriebspruefungen-die-17300-eur-gefahr/ (13.06.2014).

Springer Gabler Verlag (Hrsg.) (**Außenprüfung**):
Stichwort: Außenprüfung, in: Gabler Wirtschaftslexikon, unter:
http://wirtschaftslexikon.gabler.de/Archiv/1021/aussenpruefung-v12.html
(10.06.2014).

Springer Gabler Verlag (Hrsg.) (**Besteuerungsprinzipien**):
Stichwort: Besteuerungsprinzipien, in: Gabler Wirtschaftslexikon, unter:
http://wirtschaftslexikon.gabler.de/Archiv/900/besteuerungsprinzipien-
v11.html (06.06.2014).

Springer Gabler Verlag (Hrsg.) (**Risiko**):
Stichwort: Risiko, in: Gabler Wirtschaftslexikon, unter:
http://wirtschaftslexikon.gabler.de/Archiv/6780/risiko-v14.html
(04.06.2014).

Steuertipps (Hrsg.) (**Fiskus**): 19.000.000.000 € für den Fiskus: Ergebnis der steuerlichen Betriebsprüfung 2012, unter:
http://www.steuertipps.de/selbststaendig-freiberufler/themen/19-000-000-
000-euro-fuer-den-fiskus-ergebnis-der-steuerlichen-betriebspruefung-2012
(13.06.2014).

Verzeichnis der Rechtsquellen

BMF-Schreiben vom 05.07.1978, in: BStBl. I 1978, S. 250.

BMF-Schreiben vom 07.11.1995, in: BStBl. I 1995, S. 738.

BMF-Schreiben vom 16.07.2001, in: BStBl. I 2001, S. 415.

BMF-Schreiben vom 28.09.2011, in: BStBl. I 2011, S. 855.

BFH-Urteil vom 28.03.1985, in: BStBl. II 1985, S. 700.

StSenkG 2000 vom 23.10.2000, in: BGBl. I 2000, S. 1433.

Steuerbürokratieabbaugesetz vom 20.12.2008, in: BGBl. I 2008, S. 2850.

BEI GRIN MACHT SICH IHR WISSEN BEZAHLT

- Wir veröffentlichen Ihre Hausarbeit,
  Bachelor- und Masterarbeit

- Ihr eigenes eBook und Buch -
  weltweit in allen wichtigen Shops

- Verdienen Sie an jedem Verkauf

Jetzt bei www.GRIN.com hochladen und kostenlos publizieren